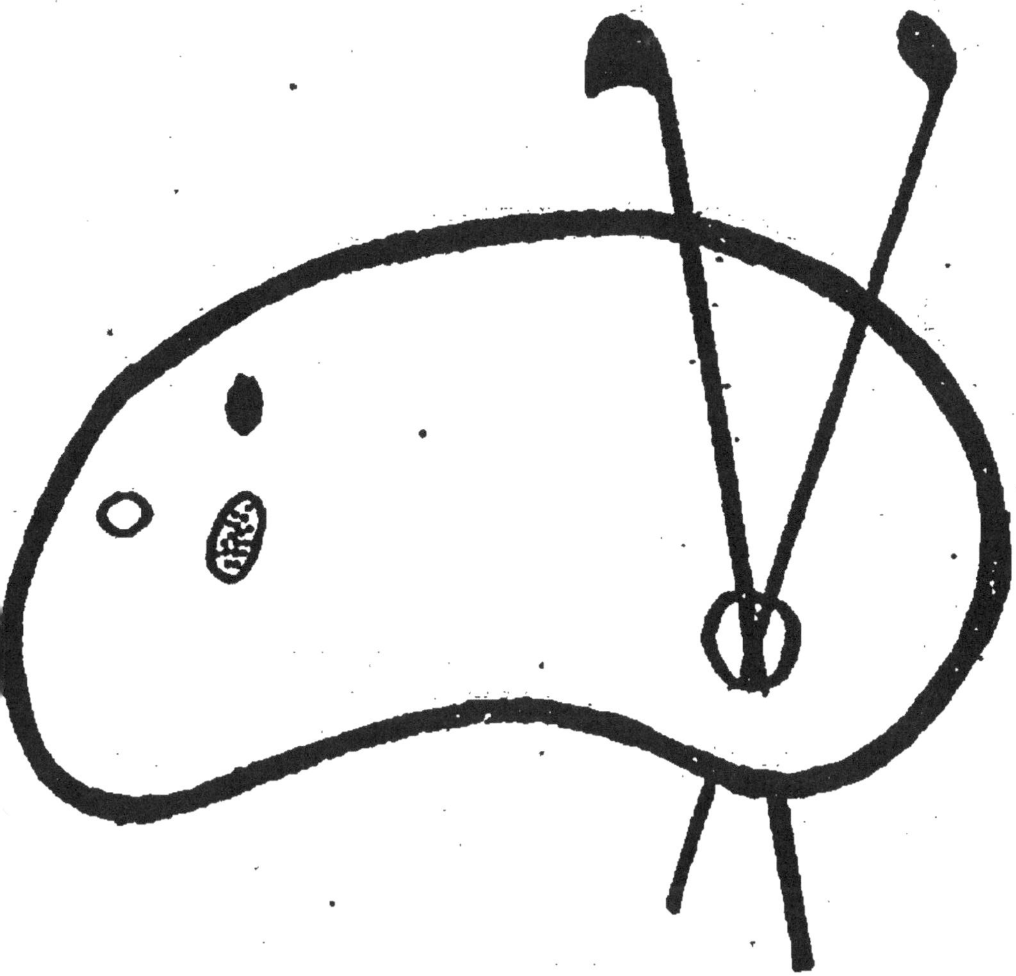

LES LOIS

MORALES, RELIGIEUSES ET CIVILES

DE MAHOMET,

EXTRAITES DU KORAN,

TRADUCTION DE SAVARY

TOME PREMIER.

A PARIS,

CHEZ VICTOR LECOU, LIBRAIRE,

RUE DU BOULOI, N° 10.

1850

NOUVELLE COLLECTION

DES

MORALISTES ANCIENS,

PUBLIÉE

SOUS LA DIRECTION DE M. LEFÈVRE.

MOÏSE, DAVID, SALOMON, etc., Morale de la Bible; 2 vol.

CONFUCIUS et MENCIUS, livres classiques de philosophie morale et politique de la Chine; 3 vol.

MANOU, législateur de l'Inde, ses Lois morales; 1 vol.

ZOROASTRE, ses Lois morales. — SAADI, le Livre des conseils; 1 vol.

JÉSUS-CHRIST et ses APÔTRES, Morale de Jésus-Christ et des Apôtres; 2 vol.

MAHOMET, ses Lois morales, religieuses et civiles, extraites du Koran; 2 vol.

SOCRATE, ses Entretiens mémorables, etc.; 2 vol.

PLATON, Pensées sur la Religion, la Morale et la Politique; 1 vol.

PLATON, Phédon, ou de l'immortalité de l'âme; 1 vol.

MORALISTES GRECS : ÉPICTÈTE, CÉBÈS, THÉOGNIS, PHOCYLIDE, les Sept SAGES DE LA GRÈCE, PYTHAGORE, etc.; 1 vol.

PLUTARQUE, Œuvres morales; 2 vol.

MARC-AURÈLE-ANTONIN, ses Pensées; 2 vol.

CICÉRON, des Devoirs; 1 vol.

SÉNÈQUE, ses Pensées; 1 vol.

Paris. Typographie Plon frères, rue de Vaugirard, 36.

NOUVELLE COLLECTION

DES

MORALISTES ANCIENS

PUBLIÉE

SOUS LA DIRECTION DE M. LEFÈVRE.

PARIS. — IMPRIMÉ PAR PLON FRÈRES,

36, RUE DE VAUGIRARD.

LES LOIS

MORALES, RELIGIEUSES ET CIVILES

DE MAHOMET,

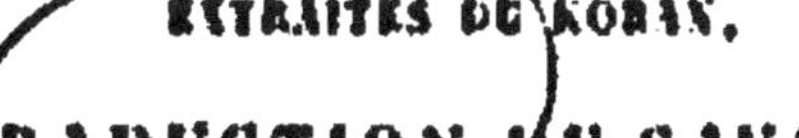

EXTRAITES DU KORAN,

TRADUCTION DE SAVARY

altération

TOME PREMIER.

A PARIS,

CHEZ VICTOR LECOU, LIBRAIRE,

RUE DU BOULOI, N° 10.

1850

AVERTISSEMENT

DE L'ÉDITEUR.

Nous n'avons annoncé dans le Prospectus de la Collection des Moralistes anciens que les *Lois morales* de Mahomet; aussi n'est-ce pas le *Koran* complet que nous offrons au public; mais des extraits assez nombreux pour tenir lieu du livre entier: nous les avons rangés sous les titres: *Morale*, *Religion*, *Lois civiles*. A l'aide de ce classement, il a été possible de présenter avec ordre et suite les préceptes de Mahomet, et d'épargner aux lecteurs une grande partie des nombreuses répétitions qui se trouvent dans le Koran.

Afin de donner à cette publication tout l'intérêt qu'elle comporte, nous avons fait deux volumes. Le premier contient l'*Histoire de l'établissement du mahométisme*, et le *Tableau* de cette religion, tirés du *Discours préliminaire* que le docteur Sales a mis en tête de sa version en anglais du Koran. L'éditeur de la traduction de Du Ryer (*Amsterdam*, 1770, 2 vol.) et M. Pauthier, dans son recueil des *Livres sacrés de l'Orient*, ont aussi imprimé cet excellent ouvrage; mais avec le titre d'*Observations historiques et critiques du mahométisme*.

Le second volume se compose des extraits du Koran; la traduction est de Savary. Ayant longtemps séjourné en Égypte, il y avait acquis une grande connaissance de la langue arabe. « J'ai entrepris cette traduction, dit Savary, sous les yeux » des Arabes, au milieu desquels j'ai vécu pendant » plusieurs années. C'est après avoir conversé avec » eux, après avoir étudié leurs mœurs et le génie de » leur langue, que j'ai mis la dernière main à cet » ouvrage. »

LEFÈVRE.

DISCOURS PRÉLIMINAIRE.

—•⁜•—

SECTION PREMIÈRE.

De l'état du Christianisme, en particulier; de l'état des Églises d'Orient et du Judaïsme au temps de la venue de Mahomet. De la méthode qu'il a suivie pour établir sa religion, et des circonstances qui y ont concouru.

Si nous lisons avec attention l'histoire ecclésiastique, nous y verrons que, même dès le troisième siècle, le monde chrétien était dans un état bien différent de celui où quelques auteurs nous l'ont représenté. Bien loin d'être orné des grâces actives du vrai zèle, et de la sincère dévotion que la pureté de la doctrine, l'union et la fermeté de la foi avaient auparavant établis, il était au contraire défiguré par l'ambition du clergé, par des schismes, par des controverses sur les subtilités les plus abstruses, et par des disputes sans fin, dans lesquelles on se divisait et subdivisait. Les Chrétiens avaient tellement banni du milieu d'eux la paix, l'amour et la charité fraternelle que l'Évangile était venu établir, et ils s'étaient tellement excités comme à l'envi à toutes sortes de mouvements de malice, de haine et de méchanceté, abandonnant la vraie substance de la religion pour se disputer avec aigreur sur leurs propres imaginations à l'égard de la doctrine, qu'ils avaient en quelque manière chassé le christianisme du monde par ces continuelles et malheureuses controverses sur la façon de l'entendre. C'est dans ces siècles *ténébreux* que la plupart de ces superstitions ont été non seulement mises au jour, mais même se sont établies; ce qui facilita extrêmement la propagation du mahométisme, et ce qui y donna particulièrement lieu, c'est l'excès où le culte des saints et des images était porté pour lors, qui était tel qu'il surpassait même tout ce qui s'est vu depuis.

Après le concile de Nicée, l'Église d'Orient se trouva engagée dans des controverses perpétuelles, et fut déchirée par les disputes des Ariens, des Sabelliens, des Nestoriens et des Eutychiens. Ces deux dernières hérésies consistaient plus dans les mots et dans les expressions que dans la doctrine même, et elles servaient plutôt de prétexte que de motif réel à ces fréquents conciles, où des prélats chicaneurs allaient et venaient continuellement pour faire tourner les affaires suivant leur volonté et leur bon plaisir, et pour se soutenir par des créatures et par des présents de corruption. Le clergé, qui était en crédit à la cour, s'avisa de donner des protections à des officiers de l'armée, et, sous ce prétexte, la justice fut vendue publiquement, et toute sorte de corruption fut encouragée.

Dans l'Église d'Occident, Damase et Ursicin se disputèrent le siége épiscopal de Rome avec tant de chaleur, qu'ils en vinrent jusqu'à la violence ouverte et au meurtre.

Le gouverneur Viventius n'ayant pu y mettre ordre, se retira à la campagne, et les laissa à eux-mêmes, jusqu'à ce qu'enfin Damase l'emporta; on dit qu'à cette occasion il n'y eut pas moins de cent trente-sept personnes qui restèrent sur la place dans l'église de Sicininus.

Ces dissensions s'élevèrent principalement par la faute des empereurs, en particulier par celle de Constance. Ce prince, confondant la pureté et la simplicité de la religion chrétienne avec des superstitions ridicules, et l'embarrassant par des questions obscures, au lieu de concilier les opinions, excita mille disputes qu'il fomentait à mesure qu'elles naissaient par de continuelles altercations. Ce fut encore pis sous Justinien, qui, pour n'avoir pas moins de zèle que les évêques du cinquième et du sixième siècle, crut que ce n'était pas un crime que de condamner à mort un homme d'un sentiment différent du sien.

Cette corruption de mœurs et de doctrine, tant parmi les princes que parmi le clergé, fut nécessairement suivie de la dépravation générale du peuple, l'unique affaire des gens de toute condition étant de gagner de l'argent par quelque moyen que ce fût, pour le dissiper ensuite par le luxe et par la débauche.

Mais pour en venir plus particulièrement à la nation que nous avons en vue dans cet ouvrage, l'Arabie était depuis longtemps fameuse par ses hérésies, ce que l'on peut attribuer en partie à la liberté et à l'indépendance des tribus.

Quelques Chrétiens de ce pays croyaient que l'ame mourrait avec le corps et ressusciterait avec lui au dernier jour; on dit qu'Origène les détrompa. Ce fut encore chez les Arabes que prirent naissance les hérésies d'Ébion, de Béryllus, des Nazaréens et des Collyridiens; ce fut du moins chez eux qu'elles s'étendirent le plus. Ces derniers mettaient la Vierge Marie à la place de Dieu, ou lui rendaient un culte pareil à celui qu'ils rendaient à Dieu, lui offrant une espèce de gâteau tortillé appelé collyris, d'où est venu le nom de cette secte.

Cette pensée que la Vierge Marie était

une divinité, était reçue de quelques uns de ceux qui composaient le concile de Nicée; ils disaient qu'il y avait deux dieux avec le Père : savoir Christ et la Vierge Marie, ce qui leur fit donner le nom de Mariamites. D'autres s'imaginèrent qu'elle était affranchie de tout ce qui participe de la nature humaine; et qu'elle avait été déifiée. Quelques autres l'ont appelée le complément de la Trinité, comme si la Trinité eût été imparfaite sans elle. Cette imagination est condamnée dans le *Korân*, comme tenant de l'idolâtrie; et elle donna occasion à Mahomet d'attaquer la Trinité même.

Il y avait dans les confins de l'Arabie d'autres sectes qui portaient différents noms; les proscriptions impériales les avaient obligées d'y venir chercher un asile : Mahomet incorpora dans sa religion les idées de plusieurs de ces sectes, comme on le remarquera dans la suite.

Quoique les Juifs fussent un peuple fort méprisé et fort peu considérable dans toutes les autres parties du monde, cependant en Arabie, où plusieurs d'entre eux s'étaient retirés depuis la destruction de Jérusalem, ils étaient devenus très puissants, plusieurs princes et tribus ayant embrassé leur religion; cela fit que Mahomet eut dans le commencement beaucoup d'égard pour eux, et qu'il adopta un grand nombre de leurs opinions, de leurs dogmes et de leurs coutumes, cherchant par là à les mettre, s'il était possible, dans ses intérêts. Mais ce peuple, conformément à son obstination ordinaire, fut si éloigné de devenir son prosélyte, qu'il fut au contraire un de ses plus cruels ennemis, et lui fit continuellement la guerre; de sorte que, pour réduire cette nation, Mahomet se vit exposé à des troubles sans nombre et à des dangers infinis, qui lui coûtèrent enfin la vie. Cette haine des Juifs contre Mahomet lui en inspira à son tour une si forte contre eux qu'il les maltraita sur la fin de sa vie beaucoup plus qu'il ne maltraitait les Chrétiens; il fait souvent des exclamations contre eux dans son *Korân;* et encore aujourd'hui ses sectateurs font la même différence entre eux et les Chrétiens, traitant les Juifs comme le peuple le plus vil et le plus méprisable de toute la terre.

Machiavel a remarqué que personne ne peut s'ériger lui-même en prince, et fonder un État, s'il n'est aidé par des circonstances favorables. Si les désordres de la religion favorisaient d'un côté les vues de Mahomet, d'un autre la faiblesse des monarchies des Perses et des Romains n'était pas moins propre à lui faire espérer de réussir en tout ce qu'il entreprendrait contre ces empires autrefois formidables; l'un des deux, s'il eût été dans sa force, aurait suffi pour écraser le mahométisme dès sa naissance; au lieu que rien ne le favorisa tant que les succès qu'eurent les Arabes dans leurs entreprises contre ces deux puissances, succès qu'ils ne manquaient pas d'attribuer à leur nouvelle religion et à la faveur de Dieu qu'elle leur procurait.

L'empire romain déchut à vue d'œil après la mort de Constantin; la plupart de ses successeurs ne se distinguèrent que par leurs mauvaises qualités, et surtout par leur lâcheté et leur cruauté. Au temps de Mahoment, les Goths avaient déjà envahi la moitié occidentale de l'empire, et la partie orientale était si diminuée par les irruptions des Huns d'un côté, et par celles des Perses de l'autre, qu'il n'était plus en état d'arrêter la violence d'une puissante invasion. L'empereur Maurice payait un tribut au *Khakân* ou roi des Huns; et après que Phocas eut assassiné son maître, l'armée fut si misérablement ruinée, qu'Héraclius faisant la revue de cette armée sept ans après, n'y trouva que deux soldats restants de tous ceux qui avaient porté les armes lorsque Phocas usurpa l'empire: et quoique Héraclius fût un prince d'un courage et d'une conduite admirables, et qu'il ait fait tout ce qu'il était possible de faire pour rétablir la discipline militaire dans son armée, que même il ait eu de grands succès contre les Perses, qu'il les ait non seulement chassés de ses États, mais même d'une partie des leurs, néanmoins la vigueur de l'empire était si éteinte, il était si mortellement blessé, qu'il n'y eut point de temps plus fatal pour lui ni plus favorable aux entreprises des Arabes, qui semblaient être conduits à dessein par la main de Dieu pour punir les Eglises chrétiennes d'avoir si mal répondu par leur conduite à la sainteté de la religion qu'elles avaient reçue.

Le luxe général et la dépravation de mœurs où étaient tombés les Grecs, contribuèrent beaucoup à énerver leurs forces, qui furent totalement épuisées par ces deux grands destructeurs, le monachisme et la persécution.

Les Persès, quelque temps avant Mahomet, étaient aussi tombés dans un état de décadence, occasionné principalement par leurs brouilleries et leurs dissensions intestines, dont la plupart étaient dues aux doctrines détestables de Manès et de Mazdak : l'opinion du premier est assez connue; le dernier vécut sous le règne de *Khosrou Kobâd;* il prétendit être envoyé de la part de Dieu pour exhorter les hommes à avoir leurs femmes et leurs biens en commun, comme étant tous frères et descendants d'un même père. Il s'imaginait que cette doctrine mettrait fin à toutes les haines et à toutes les querelles entre les hommes, parceque généralement elles naissent à l'occasion de ces deux choses. *Kobâd* lui-même embrassa les opinions de cet imposteur, et même il lui permit, en conséquence de sa nouvelle doctrine, de coucher avec la princesse sa femme. Mais *Anouchirwân*, son fils, obtint de *Mazdak*, quoique avec beaucoup de peine, qu'il n'userait pas de cette permission : ces sectes auraient certainement causé la ruine soudaine de l'empire persan, si *Anouchirwân*, dès qu'il eut succédé à son père, n'eût fait mourir *Mazdak* avec tous ceux de son parti, de même que les Manichéens, et n'eût rétabli l'ancienne religion des Mages. Mahomet naquit sous le règne de ce prince, qui mérita le surnom de Juste, et qui fut le dernier des rois de Perse qui fût digne de porter la couronne. Après sa mort, sa succession devint un sujet de contestation et de guerre entre les princes ; son trône fut toujours disputé, et enfin les Arabes renversèrent cet empire. Son fils *Hormuz* perdit l'affection de ses sujets par son excessive cruauté, et le frère de sa femme lui ayant fait crever les yeux, il fut obligé de résigner sa couronne à son fils *Khosrou Parviz*, qui, à l'instigation de *Bahrâm Chubin*, s'était révolté contre lui ; et il fut enfin étranglé. *Parviz* fut bientôt obligé de céder le trône à *Bahrâm;* mais ayant obtenu du secours de l'empereur Maurice, il le recouvra. Cependant, sur la fin, son règne devint si tyrannique et si odieux à ses sujets, qu'ils entretinrent une correspondance secrète avec les Arabes; et il fut enfin déposé, emprisonné et tué par son fils *Shirouyeh.* Après *Parviz*, le trône fut occupé successivement par six princes en moins de six ans. Ces brouilleries domestiques causèrent la ruine des Perses; car quoiqu'ils aient ravagé la Syrie, saccagé Jérusalem et Damas sous le règne de *Khosrou Parviz*, ces avantages doivent plutôt être attribués à la faiblesse des Grecs qu'à la force des Perses. Ils eurent aussi quelque pouvoir pendant que les Arabes étaient divisés et indépendants dans la province de Yémen; ils y établirent les quatre derniers rois qui y régnèrent avant Mahomet; mais lorsqu'ils furent attaqués par les Grecs sous Héraclius, ils perdirent non seulement leurs nouvelles conquêtes, mais encore une partie de leurs États; et dès que le Mahométisme eut réuni les Arabes, ils furent défaits dans toutes les batailles, et en peu d'années ils furent entièrement soumis.

Autant que ces empires étaient faibles et déclinants, autant l'Arabie était-elle puissante et florissante au temps de la naissance de Mahomet; elle s'était peuplée aux dépens de l'empire grec; les violences des sectes dominantes ayant contraint un grand nombre de personnes à chercher un refuge dans un État libre, tel qu'était celui des Arabes, où ceux qui ne pouvaient jouir chez eux de la tranquillité et de la liberté de conscience trouvaient une sûre retraite. Non seulement les Arabes étaient une nation nombreuse, mais elle ne connaissait ni le luxe ni la délicatesse des Grecs et des Perses; ses habitants étaient endurcis aux fatigues de toute espèce. Ils vivaient sobrement, ne buvant point de vin, mangeant rarement de la viande, s'asseyant à terre. Leur gouvernement politique fut aussi très favorable aux desseins de Mahomet; car la division et l'indépendance de leurs tribus était si nécessaire aux premiers progrès de sa religion et de sa domination, qu'il lui aurait été presque impossible d'établir ni l'une ni l'autre, si les Arabes avaient été unis dans un même corps de société. Mais dès qu'ils eurent embrassé sa religion, la réunion qui se forma entre les tribus ne contribua pas moins à leurs conquêtes et à leur élévation.

Il ne faut pas douter que Mahomet ne fût très informé de l'état de l'Orient, tel que je viens de le dépeindre par rapport à la religion et à la politique; il avait eu assez d'occasions de s'instruire de toutes ces particularités dans les voyages qu'il avait faits dans sa jeunesse comme marchand; quoiqu'on ne doive pas supposer que ses vues fussent, dans les commencements, aussi étendues qu'elles le devinrent dans la suite lorsqu'elles furent secondées par ses heureux succès; cependant, par la considération de l'état des choses, il pouvait se promettre avec raison de réussir dans ses premières entreprises; et comme il était doué de talents extraordinaires et d'une adresse singulière, il sut mettre chaque incident à profit, et tourna à son avantage ce qui aurait semblé très dangereux à tout autre que lui.

Mahomet entra dans le monde avec quelques désavantages qu'il eut bientôt réparés. Son père *Abdallah* était le fils cadet de *Abdalmotalleb;* il mourut fort jeune, du vivant de ce dernier, laissant sa femme et son fils, encore enfant, dans un état fort médiocre. Cinq chameaux et une esclave d'Éthiopie faisaient tout leur bien; *Abdalmotalleb* fut obligé de prendre soin de son petit-fils Mahomet, ce qu'il fit non seulement pendant sa vie, mais, de plus, en mourant il recommanda à *Abou Taleb* son fils aîné, frère d'*Abdallah* par la même mère, d'en avoir soin pour l'avenir. *Abou Taleb* pourvut avec affection à sa subsistance, et l'éleva au train du négoce qu'il suivait. Ce fut dans ce dessein qu'il le mena avec lui en Syrie, quoiqu'il n'eût encore que treize ans; après quoi il le recommanda à *Khadidjah*, veuve riche et noble, qui en fit son facteur. Mahomet s'acquitta si bien de cet emploi, que *Khadidjah* l'épousa, et le rendit par là aussi riche qu'aucun particulier de la Mecque.

Dès qu'il commença à être à son aise, par ce mariage avantageux, il forma le dessein d'établir une nouvelle religion, ou, comme il s'exprimait, de faire revivre l'ancienne et seule véritable, qu'Adam, Noé, Abraham, Moïse, Jésus, et tous les prophètes avaient professée; et pour cela de détruire l'idolâtrie grossière dans laquelle presque tous ses compatriotes étaient tombés, et d'arracher toutes les superstitions que les Juifs et les Chrétiens avaient, selon lui, introduites dans leur religion, pour la ramener à sa pureté originale, qui consistait principalement dans le culte d'un seul Dieu.

Je ne prétends point déterminer si ce fut l'effet de l'enthousiasme, ou seulement le dessein de s'élever au gouvernement suprême de son pays. Ce dernier sentiment est celui de tous les auteurs chrétiens, qui s'accordent en ceci, que l'ambition et le désir de satisfaire sa sensualité furent les motifs de son entreprise; cela peut être :

mais il peut être aussi que ses premières vues ne fussent pas si intéressées.

Son premier dessein de porter les Arabes idolâtres à la connaissance du vrai Dieu était certainement grand, et mérite d'être loué. Mahomet était sans doute pleinement persuadé de la vérité de l'unité de Dieu, article important qu'il avait particulièrement en vue, toutes ses autres doctrines et ses institutions étant moins des parties essentielles et préméditées de son plan, que des accidents qu'il n'a pu éviter d'y insérer.

La destruction affreuse des Églises d'Orient, autrefois si glorieuses et si florissantes, occasionnée par la propagation soudaine du mahométisme, et les grands succès de ses sectateurs contre les Chrétiens, inspirèrent nécessairement de l'horreur contre cette religion à ceux à qui elle avait été si fatale; et il n'est pas surprenant qu'ils aient tâché de représenter avec les plus noires couleurs son auteur et sa doctrine. Il paraît cependant que l'on doit attribuer les maux que Mahomet a faits aux Chrétiens, plutôt à son ignorance qu'à sa malice; car son grand mal vint de ce qu'il n'avait pas une connaissance approfondie de la véritable et pure doctrine de la religion chrétienne, qui était si abominablement corrompue de son temps, qu'il n'est pas étonnant qu'il allât trop loin, et qu'il se résolût d'abolir ce qu'il jugea ne pouvoir être réformé.

On ne peut guère douter que Mahomet n'eût un violent désir de passer pour un personnage extraordinaire; en quoi il ne pouvait mieux réussir qu'en se disant envoyé de Dieu pour instruire les hommes de sa volonté. Ce fut peut-être là toute son ambition dans les commencements; et si ses concitoyens ne l'avaient pas traité trop injurieusement, et ne l'eussent pas obligé, par leurs persécutions, à se réfugier ailleurs, et à prendre les armes contre eux pour sa propre défense, peut-être aurait-il continué de vivre en simple particulier, et se serait-il contenté de la vénération et du respect dû à sa qualité de prophète. Mais s'étant vu une fois à la tête d'une petite armée encouragée par le succès, il n'est pas surprenant qu'il ait élevé ses idées jusqu'à entreprendre des choses qui auparavant ne lui étaient jamais venues dans l'esprit.

Nous savons, de l'aveu même de Mahomet, qu'il était, comme le sont tous les Arabes par leur complexion naturelle, très adonné aux femmes; les controversistes le lui reprochent constamment; ils ne manquent jamais d'alléguer le nombre de femmes qu'il avait, comme une preuve démonstrative de sa sensualité; ce qui leur paraît suffire pour prouver qu'il était un méchant homme, et en conséquence un imposteur. Mais il faut considérer que la polygamie, quoique défendue par la religion chrétienne, était, du temps de Mahomet, communément en usage en Arabie et dans le reste de l'Orient; qu'elle n'était point regardée comme contraire aux bonnes mœurs, et qu'un homme n'en était pas moins estimé pour avoir plusieurs femmes. C'est par cette raison que Mahomet permit à ses sectateurs la pluralité des femmes avec certaines limitations.

Quels qu'aient été les motifs de Mahomet, il est certain qu'il avait toutes les qualités propres à faire réussir son entreprise. Les auteurs mahométans sont outrés dans les louanges qu'ils lui donnent; ils parlent beaucoup de ses vertus morales et religieuses, comme de sa piété, de sa véracité, de sa justice, de sa libéralité, de sa clémence, de son humilité, et de sa tempérance; sa charité en particulier était, disent-ils, si extraordinaire, qu'il avait rarement de l'argent dans sa maison, n'en gardant pour son usage que ce qui était précisément nécessaire à l'entretien de sa famille; souvent il épargnait une partie de ses provisions pour subvenir aux nécessités des pauvres; en sorte qu'à la fin de l'année il ne lui restait presque rien. *Dieu*, dit *al Bokhâri, lui offrit les clefs des trésors de la terre; mais il les refusa.* Quoique les éloges de ces écrivains soient justement soupçonnés de partialité, je crois cependant qu'on en peut conclure, que pour un Arabe élevé dans le paganisme, et médiocrement instruit de ses devoirs, il avait du moins des mœurs supportables, et n'était pas un monstre de méchanceté tel qu'on le représente ordinairement; il est en effet peu vraisemblable que s'il eût été un aussi grand scélérat qu'on le représentait, il eût pu réussir dans une entreprise de cette nature, quoiqu'un peu d'hypocrisie lui était absolument nécessaire pour sauver les apparences; et je ne prétends point examiner ici la sincérité de ses intentions.

On ne peut lui disputer un esprit très pénétrant et une grande sagacité; il possédait à fond l'art de s'insinuer : les historiens orientaux lui donnent une mémoire heureuse et un jugement excellent; et ces talents naturels ont été perfectionnés par une grande expérience et une grande connaissance des hommes qu'il avait acquise par les observations qu'il avait faites dans ses voyages. Les mêmes historiens le représentent comme parlant peu, d'une humeur gaie et toujours égale, familier et agréable dans la conversation, obligeant pour ses amis et plein de condescendance pour ses inférieurs; à tout cela se joignait une figure agréable et un abord prévenant : avantages qui ne lui furent pas d'un petit usage pour prévenir en sa faveur ceux qu'il voulait persuader.

Par rapport aux connaissances acquises, elles lui manquaient totalement, n'ayant pas eu d'autre éducation que celle qui était en usage dans sa tribu, qui négligeait et peut-être méprisait ce que nous appelons littérature, ne faisant cas d'aucune langue en comparaison de la leur; et même leur habileté dans leur propre langue n'était que l'effet de l'usage et non pas de la lecture : ils se contentaient de perfectionner leur expérience particulière en mettant dans leur mémoire quelques passages de leurs poëtes qu'ils jugeaient pouvoir leur être utiles dans le cours de la vie.

Mais bien loin que ce défaut de connaissances nuisît en aucune façon au dessein de Mahomet, il en tira au contraire un grand usage en insistant sur ce que les écrits qu'il produisait comme des révélations de Dieu ne pouvaient être de sa fabrique, parcequ'il n'était pas concevable qu'un homme qui ne savait ni lire ni écrire pût composer un livre rempli d'une doctrine si excellente et d'un style si élégant; et par là il allait au-devant d'une objection qui aurait été d'un très grand poids contre lui. Aussi ses sectateurs, loin d'avoir honte de l'ignorance de leur maître, s'en glorifiaient comme d'une preuve évidente de sa mission, et ne se font point de scrupule de l'appeler, comme aussi il est appelé, dans le *Korân* même, le Prophète non lettré.

Le tableau de la religion de Mahomet, le but et l'artificieuse fiction des révélations écrites qu'il prétend avoir reçues, et qui composent le *Korân*, étant le sujet des sections suivantes, j'emploierai le reste de celle-ci à rapporter, avec toute la brièveté possible, les moyens qu'il employa pour réussir dans son dessein, et les événements qui concoururent à ses succès.

Mahomet, avant que de rien entreprendre au dehors, jugea avec raison qu'il importait de commencer par la conversion de sa maison. S'étant donc retiré avec sa famille, comme il l'avait fait plusieurs fois auparavant, dans la grotte du mont *Hera*, dont on a déjà parlé, il y confia à sa femme

Khadîdjah le secret de sa mission, disant que l'ange Gabriel lui était apparu, et lui avait annoncé qu'il était appelé à l'emploi d'apôtre de Dieu; il lui rapporta un passage qu'il disait lui avoir été révélé par le ministère de l'ange, avec toutes les circonstances qui accompagnèrent sa première apparition, et qui sont rapportées par les écrivains mahométans. *Khadîdjah* reçut ces nouvelles avec une grande joie, jurant par celui entre les mains de qui son ame était, qu'elle était certaine qu'il serait le prophète de sa nation; et elle communiqua d'abord ce qu'elle venait d'apprendre à son cousin *Warakah Ebn Nawfal*, qui, étant Chrétien, savait écrire en hébreu, et était passablement versé dans l'Écriture sainte. Il crut sans peine ce qu'elle venait de lui dire, et l'assura que le même ange qui avait parlé jadis à Moïse était envoyé à présent à Mahomet. Le Prophète fit cette première démarche au mois de *Ramaddn*, dans la quarantième année de son âge, qui est appelée à cause de cela, l'année de sa mission.

Encouragé par un commencement si heureux, il résolut d'aller en avant, et d'essayer pendant quelque temps ce qu'il pourrait faire par la voie des discours particuliers, n'osant pas hasarder toute l'affaire en l'exposant trop soudainement au public; il fit d'abord des prosélytes des gens de sa maison; savoir, sa femme *Khadidjah*, son esclave *Zeid Ebn Hareth*, qu'il mit en liberté à cette occasion (ce qui devint dans la suite une règle pour ses sectateurs), et son cousin *Ali*, fils d'*Abou Taleb*, qui était jeune en ce temps-là, et son élève; celui-ci, sans avoir égard aux deux autres, prit le titre de premier des croyants. Ensuite Mahomet s'appliqua à gagner *Abdallah Ebn Abikohâfa*, surnommé *Abou Bekr*, qui avait un grand crédit parmi les *Koreish*. Mahomet vit bien que son parti en tirerait de grands services, et cela parut bientôt; car *Abou Bekr* ayant été gagné, il engagea à suivre son exemple *Othmân Ebn Affân*, *Abd'alrahmân Ebn Awf*, *Saad Ebn Abi Wakkâs*, *al Zobeir Ebn al Awâm*, et *Telha Ebn Obeid'allah*, tous des principaux de la Mecque. Ceux-ci furent les six associés en chef que Mahomet convertit, avec quelque peu d'autres personnes, pendant les trois premières années de sa mission. A la fin de ces trois années, Mahomet ayant, ce qu'il croyait, un parti assez considérable pour se soutenir, ne fit plus un secret de sa mission, et publia ce que Dieu lui avait commandé de déclarer à ses proches parents. Pour le faire plus convenablement et avec plus d'apparence de succès, il ordonna à *Ali* de préparer un festin, et d'y inviter les fils et les descendants d'*Abdalmotalleb*, voulant s'ouvrir alors à eux. Cela fut exécuté : il s'y rendit environ quarante personnes; mais *Abou Taleb*, un des oncles de Mahomet, ayant rompu l'assemblée avant que Mahomet eût pu trouver le moment favorable de parler, il fut obligé d'inviter les mêmes convives pour le jour suivant. Dès qu'ils furent arrivés, il leur tint ce discours : « Je ne connais personne en Arabie » qui soit en état de faire à ses parents des » offres aussi avantageuses que celles que » je vous fais aujourd'hui; je vous offre le » bonheur dans cette vie et dans celle qui

» est à venir; le Tout-Puissant m'a ordonné » de vous appeler à lui. Qui seront donc » ceux d'entre vous qui voudront m'aider » dans mon ministère et devenir mes frères » et mes vice-gérants? » Comme tous hésitaient et éludaient sa proposition, *Ali* se leva à la fin, déclara qu'il voulait l'assister, et menaça violemment ceux qui s'opposeraient à lui. Alors Mahomet l'embrassa avec de grandes marques d'affection, et pria tous ceux qui étaient présents de l'écouter et de lui obéir comme à son député. L'assemblée y répondit par un grand éclat de rire, en disant à *Abou Taleb* qu'il n'avait à présent qu'à obéir à son fils.

Bien loin que ce refus décourageât Mahomet, dès lors il commença à prêcher en public au peuple. Le peuple l'écouta d'abord tranquillement; mais lorsqu'il vint à lui reprocher son idolâtrie, son obstination, sa perversité et celle de ses ancêtres, alors il s'irrita tellement qu'il se déclara son ennemi, et l'aurait mis en pièces sans la protection d'*Abou Taleb*. Les chefs des *Koreish* le pressèrent d'abandonner son neveu, lui faisant de fréquentes représentations sur les nouveautés qu'il voulait introduire ; et voyant qu'ils ne gagnaient rien sur lui, ils le menacèrent de rompre ouvertement avec lui, s'ils n'engageaient son neveu à abandonner son entreprise. *Abou Taleb* fut si frappé de ces menaces, qu'il parla très sérieusement à son neveu pour l'engager à ne pousser pas cette affaire plus loin, en lui représentant le grand danger auquel il s'exposait lui et ses amis; mais Mahomet n'était pas homme à s'effrayer, et il répondit nettement à son oncle : « Que quand ses adversaires mettraient le soleil contre lui à sa droite, et la lune à sa gauche, il n'abandonnerait pas son entreprise. » *Abou Taleb*, le voyant si ferme et si résolu d'aller en avant, ne songea plus à le ramener, et lui promit de le soutenir contre tous ses ennemis.

Les *Koreish*, voyant qu'ils n'avaient pu réussir, ni par leurs raisons ni par leurs menaces, voulurent essayer ce que pourrait la force et les mauvais traitements; ils agirent d'une manière si violente contre les sectateurs de Mahomet, qu'il n'y eut plus de sûreté pour eux de rester à la Mecque. Sur quoi Mahomet permit à ceux qui n'auraient pas des amis pour les protéger de chercher ailleurs un lieu de retraite.

En conséquence, seize d'entre eux, du nombre desquels étaient quatre femmes, s'enfuirent en Éthopie, la cinquième année de la mission du Prophète. *Othmân Ebn Affân* et sa femme *Raktah*, fille de Mahomet, étaient de cette troupe. Ce fut là la première fuite. Ensuite plusieurs autres les suivirent, se retirant les uns après les autres jusqu'au nombre de quatre-vingt-trois hommes et dix-huit femmes, sans compter les enfants. Ces réfugiés furent reçus honnêtement par *Na Djâchi*, ou roi d'Éthiopie, qui refusa de les rendre à ceux que les *Koreish* avaient envoyés pour les réclamer; et les écrivains arabes attestent unanimement que ce roi embrassa la religion mahométane.

Mahomet, la sixième année de sa mission, eut la satisfaction de voir son parti fortifié par la conversion de son oncle

Hamza, homme de beaucoup de mérite et d'une grande valeur, et par celle d'Omar *Ebn al Khattab*, homme très estimé, et qui avait été auparavant l'un de ses plus violents antagonistes. Comme la persécution favorise plutôt les progrès d'une religion qu'elle ne les arrête, l'Islamisme en fit de si grands dans plusieurs tribus arabes, que les *Koreish*, pour le supprimer efficacement, s'il était possible, firent, la septième année de la mission de Mahomet, une ligue solennelle ou covenant contre les *Hachemites* et la famille d'*Abdalmotalleb*, s'engageant les uns les autres à ne contracter aucun mariage avec aucun d'entre eux, et à n'avoir aucune communication avec eux; et pour donner plus de force à leurs engagements, ils les écrivirent et en déposèrent l'acte dans la *Kaaba*. La tribu des *Koreish* fut ainsi divisée en deux factions. Tous ceux de la famille d'*Hachem* se retirèrent auprès d'*Abou Taleb*, comme leur chef, à la réserve d'*Abdal Uzza*, surnommé *Aboulaheb*, qui, par une haine invétérée contre son neveu et sa doctrine, passa dans l'autre parti, dont le chef était *Abousofidn Ebn Harb*, de la famille d'*Ommaya*.

La désunion de ces familles dura trois ans; mais la dixième année de la mission de Mahomet, ce prophète déclara à son oncle *Abou Taleb*, que Dieu avait fait voir manifestement combien il désapprouvait la ligue que les *Koreish* avaient faite contre eux, en envoyant un ver pour ronger tous les mots de l'acte qu'ils en avaient fait, à l'exception du nom de Dieu. Mahomet avait eu auparavant quelque avis de cet accident secret; car *Abou Taleb* alla d'abord aux *Koreish*, leur communiqua ce que son neveu venait de lui dire, leur offrant, si cela se trouvait faux, de le leur livrer; mais au cas que cela fût vrai, il en exigeait qu'ils abandonnassent leur animosité, et qu'ils annullassent la ligue qu'ils avaient faite contre les *Hashemites*. Les *Koreish* y ayant consenti, allèrent à la *Kaaba*, et virent à leur grand étonnement que la chose était comme *Abou Taleb* la leur avait dite; en conséquence de quoi, ils annullèrent leur traité.

Abou Taleb mourut la même année, âgé de plus de quatre-vingts ans; l'opinion générale est qu'il mourut infidèle, quoique d'autres disent qu'étant sur le point de mourir, il embrassa le Mahométisme. Ils montrent quelques passages de ses œuvres poétiques, pour servir de preuves de ce qu'ils avancent. Un mois, ou, selon quelques uns, trois jours après la mort de ce grand patron, Mahomet eut encore le malheur de perdre sa femme, qui avait si généreusement fait sa fortune; c'est par cette raison que cette année fut appelée l'année du deuil.

Après la mort de ces deux personnes, les *Koreish* se mirent à inquiéter Mahomet plus que jamais; il fut même traversé par quelques uns de ceux qui avaient été auparavant ses amis; jusque-là qu'il fut obligé de chercher un asile quelque part. Il choisit d'abord, pour le lieu de sa retraite, *Tayef*, qui est environ à soixante milles à l'orient de la Mecque. Il s'y rendit accompagné seulement de *Zeid*, son affranchi. Il s'adressa à deux des chefs de la tribu de *Thakif*, qui habitaient dans ce lieu; ils le reçurent très froidement : cependant il demeura là un mois. Quelques uns des plus considérables habitants eurent assez d'égard pour lui; mais le petit peuple et les esclaves se soulevèrent, et l'ayant porté vers les murs de la ville, l'obligèrent de sortir et de retourner à la Mecque, où il se mit sous la protection de *al Motaam Ebn Adi.*

Ce peu de succès découragea beaucoup les partisans de Mahomet; mais il ne changea point de dessein, et il continua de prêcher en public, dans les assemblées de ceux qui venaient en pèlerinage; et il fit divers prosélytes, du nombre desquels furent six habitants de *Yathreb,* de la tribu juive de *Khazradj,* qui, de retour chez eux, ne manquèrent pas de faire les éloges de leur nouvelle religion, et exhortèrent leurs concitoyens à l'embrasser.

Ce fut la douzième année de sa mission que Mahomet déclara son voyage nocturne de la Mecque à Jérusalem, et de là au ciel, dont ont tant parlé tous ceux qui ont écrit de lui. Le docteur Prideaux croit qu'il inventa cette fable, soit pour répondre à l'attente de ceux qui lui demandaient quelque miracle pour preuve de sa mission, soit afin d'autoriser par cette conversation qu'il prétendait avoir eue avec Dieu lui-même, tout ce qu'il jugerait à propos de débiter comme une tradition orale, de manière que ses discours eussent le même usage que la loi orale des Juifs. Mais je ne trouve nulle part que Mahomet se soit jamais flatté que l'on aurait autant d'égard à ses paroles que ses sectateurs en ont eu dans la suite; et puisqu'il a toujours déclaré qu'il n'avait aucun pouvoir de faire des miracles, il semble plutôt que ce fût par un trait de politique et pour augmenter sa réputation, qu'il faisait croire qu'il avait eu un entretien avec Dieu dans le ciel, ainsi que Moïse en avait eu un sur la montagne, et qu'il avait reçu de lui immédiatement plusieurs ordonnances; au lieu que jusqu'alors il s'était contenté de faire croire que l'ange Gabriel lui communiquait tout.

Quoi qu'il en soit, ce fait parut si absurde et si incroyable, qu'il fut cause que plusieurs de ses sectateurs l'abandonnèrent, et probablement il aurait renversé ses projets, si *Abou Bekr* n'eût été garant de sa vérité, et n'eût déclaré que si Mahomet affirmait que la chose fût, il ne ferait pas difficulté de la croire.

Cet heureux incident releva non seulement le crédit du Prophète, mais l'augmenta à un tel point, qu'il pouvait s'assurer de faire digérer à ses disciples tout ce qu'il voudrait à l'avenir; et je ne doute pas que cette fiction, tout extravagante qu'elle était, ne fût un des plus ingénieux artifices de Mahomet, et qu'elle ne contribuât beaucoup à porter sa réputation à ce haut degré où elle parvint dans la suite.

Cette année, appelée par les Mahométans l'année *acceptée* ou *reçue*, douze hommes de *Yathreb* ou *Médine*, dont dix étaient de la tribu de *Khasradj*, et les deux autres, de celles d'*Aws*, vinrent à la Mecque et prêtèrent serment de fidélité à Mahomet sur l'*al Akaba*, coteau qui est au nord de cette ville. Ce serment fut appelé un *serment de femme*, non qu'aucune fût présente à cette cérémonie, mais parcequ'il n'obligeait pas les hommes à prendre les armes pour la défense de Mahomet ou de sa religion, et que ce même serment fut dans la suite exigé des femmes. Nous trouvons sa formule dans le *Korân* (chap. LX); elle revient à ceci, savoir : « Qu'ils devaient re- » noncer à toute idolâtrie, au vol, à la for- » nication; qu'ils ne devaient pas faire mou- » rir leurs enfants (comme les Arabes qui » étaient païens avaient coutume de le faire » lorsqu'ils craignaient de ne pouvoir les » nourrir); qu'ils ne devaient inventer au- » cune calomnie; enfin, qu'ils devaient » obéir à leur prophète en tout ce qui se- » rait raisonnable. » Après qu'ils se furent solennellement engagés à tous ces points, Mahomet envoya avec eux *Mosab Ebn Omair*, un de ses disciples, pour les instruire plus pleinement des fondements et des cérémonies de sa nouvelle religion.

Mosab, arrivé à Médine, et aidé par ceux qui avaient été convertis précédemment, fit un grand nombre de prosélytes, entre lesquels était en particulier *Osaïd Ebn Hodeira*, un des principaux de la ville, et

Saad Ebn Moadh, prince de la tribu d'*Aws*. Le Mahométisme s'étendit si promptement, qu'il n'y avait presque aucune famille où il ne se trouvât quelqu'un qui eût embrassé cette religion.

L'année suivante, la treizième de la mission de Mahomet, *Mosab* revint à la Mecque accompagné de soixante-trois hommes et deux femmes de Médine, qui s'étaient convertis à l'Islamisme, avec quelques autres qui ne l'étaient pas encore. A leur arrivée, ils envoyèrent offrir leurs secours à Mahomet, qui en avait alors grand besoin; car ses ennemis étaient devenus si puissants à la Mecque, qu'il ne pouvait plus y demeurer sans un danger imminent; ce fut par cette raison qu'il accepta leur proposition, et leur donna un rendez-vous nocturne à l'*al Akaba*, dont on a parlé ci-dessus, avec son oncle *al Abbas*; celui-ci, quoique païen, ne laissait pas de vouloir du bien à son neveu, et adressa un discours à ceux de Médine, où il leur dit : « Que comme Maho-
» met était obligé de quitter sa ville natale
» et de chercher un asile ailleurs, et qu'ils

» lui avaient offert leur protection, ils fe-
» raient bien de ne pas le tromper; et que
» s'ils n'étaient pas dans la ferme résolution
» de le défendre et de lui être fidèles, ils
» feraient mieux de déclarer leur inten-
» tion, et de le laisser chercher sa sûreté
» de quelque autre manière. » Ceux-ci, protestant de leur sincérité, Mahomet fit serment de leur être fidèle, pourvu qu'ils le défendissent contre toute insulte avec autant de courage qu'ils défendraient leurs femmes et leurs enfants. Ils lui demandèrent quelle récompense ils recevraient s'ils perdaient la vie pour sa querelle; il leur répondit qu'ils auraient pour récompense le paradis; sur quoi ils engagèrent leur parole, et s'en retournèrent chez eux, après que Mahomet en eut choisi douze d'entre eux, qui devaient avoir sur les autres une autorité pareille à celle que les douze apôtres de Christ avaient sur ses disciples.

Jusqu'ici Mahomet avait étendu sa religion par des moyens louables, tous les succès de son entreprise avant sa fuite à Médine ne pouvant être attribués qu'à la persuasion seule, et non point à la force; car avant ce second serment de fidélité ou cette inauguration faite à *al Akaba*, il avait dit qu'il n'avait eu aucune permission d'user de force de quelque manière que ce fût; et dans plusieurs de ces endroits du *Korân*, qu'il prétendait lui avoir été révélés à la Mecque, il déclara que son unique emploi était de prêcher et de donner des avis; qu'il n'avait point d'autorité pour forcer personne à embrasser sa religion; et que, soit que le peuple crût ou non, cela ne le regardait pas, mais regardait Dieu seul. Il était si éloigné de permettre à ses sectateurs d'user de force, qu'il les exhortait à souffrir patiemment les injures que la profession de l'Islamisme leur attirait; et quand il fut persécuté lui-même, il aima mieux quitter son lieu natal et se retirer à Médine que de faire la moindre résistance; mais il paraît que cette modération et cette patience venait uniquement de sa faiblesse et de la grande supériorité de ses adversaires pendant les douze premières années de sa mission; car il ne fut pas plutôt en état de leur faire tête, par le secours des habitants de Médine, qu'il publia que Dieu avait permis, à lui et à ses disciples, de se défendre contre les infidèles; et sur la fin, comme ses forces augmentèrent, il prétendit avoir reçu de Dieu la permission de les attaquer, de détruire l'idolâtrie, et d'établir la véritable foi par l'épée; trouvant par expérience qu'en se conduisant autrement, son projet faisait des progrès fort lents, et même qu'il pourrait être entièrement renversé. Il savait d'ailleurs que les innovateurs courent rarement quelque risque lorsqu'ils s'appuient principalement sur leurs forces, et qu'ils en font usage; ce qui a fait remarquer aux politiques que tous les prophètes qui ont été armés ont réussi, tandis que les autres ont toujours échoué.

Moïse, Cyrus, Thésée, Romulus, n'auraient jamais pu faire observer leurs lois ni leurs institutions d'une manière durable, s'ils n'avaient eu la force en main. On dit que le premier passage du *Korân*, qui donne à Mahomet la permission de se défendre par les armes, est celui du chapitre

XXII, après lequel il eut un grand nombre de révélations pour le même sujet. On pourrait peut-être accorder que Mahomet avait droit de prendre les armes pour sa propre défense contre ses injustes persécuteurs; mais je ne déciderai point ici si, dans la suite, il devait faire usage de ces mêmes moyens pour l'établissement de sa religion : les hommes ne sont point d'accord jusqu'où la puissance séculière peut ou doit intervenir dans les choses de cette nature. La méthode de convertir par l'épée ne donne pas une idée bien favorable des opinions que l'on veut établir par ce moyen ; chaque secte la désapprouve quand elle est employée par ceux d'une religion différente, quoique les mêmes personnes l'emploieraient volontiers en faveur de la leur; parcequ'on suppose qu'il n'est pas permis d'employer la force pour l'établissement d'une religion fausse; mais que cela est très permis lorsqu'il s'agit d'une religion vraie ; et en conséquence, la force est presque toujours aussi constamment employée dans ce cas par ceux qui ont le pouvoir en main, qu'il est constant que ceux qui en souffrent la violence se croient en droit de s'en plaindre.

C'est certainement une des plus convaincantes preuves que le Mahométisme n'est autre chose qu'une invention humaine, que d'avoir été établi presque entièrement par la force ; et c'est une des plus fortes démonstrations de la divinité de la religion chrétienne, que d'avoir prévalu contre toutes les puissances du monde par la seule force de la vérité, et d'avoir enfin amené les empereurs à s'y soumettre, après avoir soutenu toute sorte de persécutions et des oppositions de toute espèce pendant trois siècles. Cette preuve, il est vrai, n'a lieu que pour ces premiers temps, parcequ'ensuite le Christianisme fut établi, et le Paganisme aboli par autorité publique, qui a eu dès lors une grande influence, tant à la propagation de l'un, qu'à la destruction de l'autre. Je reviens à mon sujet.

Mahomet ayant pourvu à la sûreté de ses amis et à la sienne par la ligue offensive et défensive qu'il venait de conclure avec ceux de Médine, donna ordre à ses sectateurs de se retirer, ce qu'ils firent; mais il resta lui-même avec *Abou Bekr* et *Ali*, disant qu'il n'avait pas encore reçu de Dieu la permission de quitter la Mecque. Les *Koreish*, craignant les conséquences de cette nouvelle alliance, commencèrent à croire qu'il était d'une nécessité absolue d'empêcher que Mahomet ne pût s'échapper pour se rendre à Médine; et ayant tenu conseil là-dessus, après que l'on eut rejeté plusieurs expédients modérés, on résolut de chercher à le faire mourir. On choisit pour cette exécution un homme de chaque tribu, et on convint que chacun de ces hommes lui donnerait un coup de son épée, afin que la coulpe de ce meurtre retombât également sur toutes les tribus, qui, étant réunies, étaient fort supérieures aux *Hashemites*, qui n'oseraient par conséquent entreprendre de venger la mort de leur parent.

Cette conspiration était à peine formée, qu'elle vint par quelque moyen à la connaissance de Mahomet. Il publia que l'ange Gabriel la lui avait révélée, et lui avait en même temps donné ordre de se retirer à

Médine ; et sur cela, pour tromper ses ennemis, il fit coucher *Ali* à sa place et le fit envelopper dans son manteau vert, et il gagna la maison d'*Abou Bekr*, par un miracle, à ce que prétendent ses sectateurs, n'ayant point été aperçu par les conspirateurs, qui s'étaient déja assemblés à sa porte. Ceux-ci, pendant qu'il se retirait, regardaient par les fentes de la chambre de Mahomet, et voyant *Ali* endormi, et le prenant pour Mahomet, ils veillèrent jusqu'au matin, qu'Ali s'étant levé, ils s'aperçurent qu'ils s'étaient trompés.

De la maison d'*Abou Bekr*, Mahomet et lui vinrent à la grotte de *Thoûr*, montagne au sud-est de la Mecque, accompagné seulement de *Amer Ebn Foheiral*, domestique d'*Abou Bekr*, et d'*Abdallah Ebn Oreikat*, idolâtre qu'ils avaient loué pour être leur guide. Ils demeurèrent cachés dans cette caverne pendant trois jours, pour éviter les recherches de leurs ennemis, qui passèrent bien près d'eux, et auxquels ils n'échappèrent pas sans le secours de plus d'un miracle. Car quelques uns disent que les *Koreish* furent frappés d'aveuglement, en sorte qu'ils ne purent trouver la grotte; d'autres, qu'après que Mahomet et ses compagnons y furent entrés, deux pigeons vinrent pondre leurs œufs à l'entrée, et qu'une araignée en ferma l'ouverture avec sa toile, ce qui empêcha les *Koreish* de regarder dedans. Lorsque *Abou Bekr* vit le Prophète dans un si grand péril, il fut fort attristé; mais Mahomet le consola par ces mots rapportés dans le *Korân* : *Ne t'afflige point*, *car Dieu est avec nous*. Leurs ennemis s'étant retirés, ils sortirent de la grotte, et partirent pour Médine par un chemin de traverse; ayant heureusement, ou, comme disent les Mahométans, miraculeusement échappé à ceux que l'on avait envoyés à leur poursuite, ils arrivèrent sains et saufs dans cette ville, où *Ali* les suivit dans trois jours, après avoir réglé quelques affaires à la Mecque.

La première chose que fit Mahomet, à son arrivée à Médine, fut de bâtir un temple pour l'exercice du culte de sa religion et une maison pour lui; il plaça l'un et l'autre sur un terrain qui avait servi auparavant à retirer des chameaux, ou, selon d'autres, à ensevelir des morts, et qui appartenait à *Sahar* et *Soheil*, fils d'*Amou*, qui étaient orphelins.

Mahomet étant établi sûrement à Médine, et étant en état non seulement de se défendre contre les insultes de ses ennemis, mais même de les attaquer, commença d'envoyer de petits détachements pour faire des représailles sur les *Koreish ;* le premier parti ne consistait qu'en neuf hommes, et attaqua et pilla une caravane qui appartenait à cette tribu, et fit deux prisonniers dans cette action. Mais ce qui servit beaucoup à établir ses affaires, et qui fut le fondement de sa grandeur, ce fut le gain de la bataille de *Bedr*, donnée la seconde année de l'hégire, et qui est si célèbre dans l'histoire mahométane. Comme mon dessein est moins d'écrire la vie de Mahomet que de donner une idée de la manière dont il conduisit son entreprise, je n'entrerai point dans le détail des batailles et des expéditions qui se firent ensuite ; le nombre en est très considérable, outre plusieurs d'entre elles où Mahomet ne fut point présent. Quelques uns ne comptent pas moins de vingt-sept expéditions où le Prophète se trouva lui-même, et dans ce nombre il donna neuf batailles qu'il gagna sur ses ennemis, et il y en a quelques unes auxquelles certains passages du *Korân* ont rapport. Il entretint ses forces en partie des contributions qu'il tirait de ses sectateurs, et qu'il appelait *Zacât* ou aumônes, dont il fit habilement envisager le payement comme un devoir essentiel de sa religion, et en partie par le cinquième du butin qu'il avait ordonné qui serait apporté dans le trésor public pour le même usage. Il prétendit aussi que cet ordre venait d'une inspiration divine.

En peu d'années, le succès de ses armes augmenta considérablement son crédit et son pouvoir, quoiqu'il eût aussi quelques revers. La sixième année de l'hégire, il partit avec quatorze mille hommes pour la Mecque, non pour y commettre aucune hostilité, mais pour en visiter le temple et dans une intention pacifique. Cependant lorsqu'il fut arrivé à *al Hodeibiya*, dont une partie est sur le territoire sacré, et l'autre partie au delà, les *Koreish* lui firent savoir qu'ils ne lui permettraient pas d'entrer à la Mecque, à moins qu'il ne forçât le passage. Sur quoi il assembla ses troupes, auxquelles ayant fait prêter serment de fidélité, il résolut d'attaquer la ville; mais ceux de la Mecque envoyèrent *Arra Ebn Masúd*, prince de la tribu de *Thakif*, comme leur ambassadeur pour demander la paix : on conclut une trêve pour dix ans, et par cette trêve il fut permis à toute personne d'entrer dans le parti de Mahomet ou dans celui des *Koreish*, selon qu'elle le jugerait à propos.

On peut se faire une idée du respect et de la vénération inconcevable que les Mahométans avaient dans ce temps-là pour leur Prophète, par le rapport que cet ambassadeur, dont on vient de parler, fit aux *Koreish* à son retour. Il leur dit qu'il avait été à la cour du roi de Perse et à celle de l'empereur romain, mais qu'il n'avait jamais vu aucun prince aussi respecté de ses sujets que Mahomet l'était de ses compagnons; que toutes les fois qu'il faisait l'ablution avant de réciter ses prières, ils s'empressaient pour recueillir l'eau dont il s'était servi; que toutes les fois qu'il crachait, ils léchaient ce qui venait de sortir de sa bouche, et qu'ils recueillaient avec beaucoup de précaution tous les cheveux qui tombaient de sa tête.

La septième année de l'hégire, Mahomet pensa à étendre sa religion au delà des bornes de l'Arabie. Il envoya des messagers aux princes voisins avec des lettres par lesquelles il les invitait à embrasser sa doctrine. Ce projet ne fut pas sans quelque succès. Cependant *Kosrou Parviz*, alors roi de Perse, reçut celle qui fut écrite avec beaucoup de mépris; il la déchira avec colère, et renvoya le messager tout sur-le-champ. Lorsque Mahomet ouït son rapport, il dit : Dieu déchirera son royaume. Bientôt après, Mahomet reçut un messager de la part de *Badhan*, roi de Yémen, dépendant de la Perse, qui lui donnait avis de l'ordre qu'il avait reçu de l'envoyer au roi *Khosrou*. Mahomet remit à répondre au lendemain matin; et pour lors il dit au messager qu'il lui avait été révélé cette nuit même que

Khosroû venait d'être assassiné par son fils *Shirûyeh*, ajoutant qu'il était bien sûr que sa nouvelle religion et son empire s'élèveraient plus haut que l'empire de *Khosroû*; et il le chargea de conseiller en conséquence à son maître d'embrasser le Mahométisme. Peu de jours après le retour du messager, *Badhân* reçut une lettre de *Shiruyeh* qui lui apprenait la mort de son père, et lui donnait ordre de faire cesser toutes les molestes suscitées contre le Prophète; sur quoi *Badhân* et les Perses qui étaient avec lui se firent mahométans.

Les historiens arabes nous assurent que l'empereur Héraclius reçut la lettre de Mahomet avec un grand respect, la mit sous son oreiller, et congédia honorablement le porteur; et quelques uns prétendent qu'il aurait embrassé cette nouvelle religion, s'il n'avait été retenu par la crainte de perdre sa couronne.

Mahomet écrivit dans les mêmes vues au roi d'Éthiopie, quoique, selon les auteurs arabes, ce roi ait été converti auparavant; il écrivit aussi à *Mokawkas*, roi d'Égypte, qui reçut très favorablement son messager, et envoya plusieurs présents considérables à Mahomet, et entre autres deux filles, dont l'une, nommée Marie, devint sa favorite. Il écrivit aussi, à ce même sujet, à plusieurs princes arabes, et en particulier à *al Hareth Ebn Abishamer*, roi de *Ghassân*. Celui-ci ayant répondu qu'il irait lui-même porter sa réponse à Mahomet, le Prophète dit là-dessus : *Son royaume puisse-t-il périr!* Il écrivait de même à *Hawdha Ebn Ali*, roi de *Yamâma*, qui avait été Chrétien, et qui ayant, durant quelque temps, fait profession de l'Islamisme, était retourné à sa première croyance. Ce prince lui fit une réponse fort dure, sur quoi Mahomet le maudit, et il mourut aussitôt après. Il écrivit encore à *al Mondar Ebn Sâwa*, roi de *Bahrein*, qui embrassa le Mahométisme, et tous les Arabes de ce pays suivirent son exemple.

La huitième année de l'hégire fut une année très heureuse pour Mahomet. Dans le commencement de cette année, *Khâled Ebn al Walid* et *Amrou Ebn al As*, tous deux excellents capitaines, se firent mahométans ; le premier conquit dans la suite la Syrie et d'autres pays, et le second conquit l'Égypte : bientôt après le Prophète envoya trois mille hommes contre l'armée des Grecs, pour venger la mort d'un de ses ambassadeurs, qui ayant été envoyé au gouverneur de Bosra pour le même sujet que ceux qui avaient été envoyés aux princes dont on a parlé, avait été tué par un Arabe de la tribu de *Ghássân* à *Múta*, ville du territoire de *Balkh*, en Syrie, à trois journées environ de Jérusalem. Ce fut près de cette dernière ville que la bataille se donna. Les Grecs, étant fort supérieurs en nombre (car, y compris le secours des Arabes, leur armée était de cent mille hommes), repoussèrent les mahométans à la première attaque, qui y perdirent trois de leurs généraux, savoir : *Zeid Ebn Hâretha*, *Djaafar*, affranchi de Mahomet, fils d'*Abutaleb*, et *Abdallah Ebn Rawdha*, qui se succédèrent les uns aux autres ; mais enfin *Khâled Ebn al Walid*, ayant succédé au dernier, vainquit les Grecs, en fit un grand carnage, et remporta une grande quantité de riches dépouilles : ce fut à l'occasion de cette action que Mahomet lui donna le titre honorable de *Soyéf Allâh* (l'une des épées de Dieu).

Mahomet prit aussi cette même année la Mecque, ses habitants ayant rompu la trêve qui avait été conclue deux ans auparavant : car la tribu de *Bekr* qui était considérée des *Koreish*, attaqua ceux de *Khozâah*, alliés de Mahomet, et fut soutenue dans l'action par un parti des *Koreish*. Plusieurs de ceux de *Khozâah* furent tués. On craignit d'abord les suites de cette violation de la trêve, et *Abou Sofiân* alla lui-même à Médine dans le dessein de la renouer; mais ce fut en vain; car Mahomet, charmé de cette occasion, refusa de le voir : *Abou Sofiân* s'adressa à *Abou Bekr* et à *Ali*; mais ceux-ci ne lui donnant aucune réponse, il fut obligé de retourner à la Mecque comme il en était parti.

Mahomet donna les ordres pour faire les préparatifs nécessaires pour surprendre la Mecque avant que ses habitants fussent préparés à le recevoir. En peu de temps, il se mit en marche de ce côté; et pendant sa marche, ses forces furent augmentées jusqu'à dix mille hommes. Ceux de la Mecque n'étant pas en état de se défendre contre une armée si formidable, se rendirent à discrétion, et *Abou Sofián* sauva sa vie en embrassant le Mahométisme. Environ vingt-huit idolâtres furent mis à mort par un parti commandé par *Khaled*, mais ce fut contre les ordres de Mahomet, qui, lorsqu'il entra dans la ville, pardonna à tous les *Koreish* qui se soumirent, à l'exception seulement de six hommes et de quatre femmes qui furent destinés pour victimes : quelques uns d'entre eux ayant apostasié, ils furent proscrits solennellement par le Prophète ; cependant même il n'y eut de ceux-ci que trois hommes et une femme mis à mort, une des femmes s'étant échappée, et les autres ayant obtenu leur pardon en embrassant le Mahométisme.

Ce prophète employa le reste de cette année à détruire les idoles qui se trouvaient à la Mecque et aux environs, envoyant plusieurs de ses généraux faire des expéditions, tant pour cet effet que pour inviter les

Arabes à embrasser l'Islamisme; et il n'est pas surprenant que ces invitations aient eu pour lors un bon succès.

L'année suivante, qui fut la neuvième de l'hégire, est appelée par Mahomet l'*année des ambassades;* car les Arabes avaient attendu jusqu'alors l'issue de la guerre allumée entre Mahomet et les *Koreish*, mais dès que cette tribu eut été soumise, comme elle était la principale de toute la nation, qu'elle était composée des descendants directs d'Ismaël, et que personne ne lui disputait la prééminence, ils virent bien qu'il n'était pas en leur pouvoir de s'opposer à Mahomet; et ils commencèrent à venir à lui en grand nombre, et à lui envoyer des ambassadeurs pour lui rendre leurs hommages, soit à la Mecque, où il resta quelque peu, soit à Médine, où il retourna cette même année. Entre autres, cinq rois de la tribu de *Hamyar* se convertirent, et firent partir des ambassadeurs pour le notifier à Mahomet.

La dixième année, *Ali* fut envoyé dans l'Yémen pour propager le Mahométisme, et l'on dit même qu'il convertit dans un jour toute la tribu de *Hamdan*. Tous les habitants de la province suivirent bientôt cet exemple, à la réserve des *Nadjrâns*, qui, étant Chrétiens, aimèrent mieux payer un tribut.

C'est ainsi que l'idolâtrie fut détruite jusqu'à sa racine, et que pendant la vie même de Mahomet (car il mourut l'année suivante) le Mahométisme fut établi dans toute l'Arabie; il faut néanmoins en excepter l'*Yamâma*; dans cette province, *Moseilama* s'érigea aussi en prophète, comme compétiteur de Mahomet; il eut un parti considérable, et ne se soumit que sous le khalifa d'*Abou Bekr*. Ce fut alors que les Arabes, réunis à une même religion, et soumis à un même prince, se trouvèrent en état de faire ces conquêtes qui ont répandu le Mahométisme dans une si grande portion du monde.

SECTION DEUXIÈME.

Du Korân; *de ses particularités; manière dont il a été écrit et publié; but général de ce livre.*

Le mot *Korân* dérive du verbe *Karaa*, *lire*, et signifie proprement, *la lecture*, ou *ce qui doit être lu*. Par ce nom, les Mahométans désignent non seulement le livre ou l'ouvrage entier, mais aussi chaque chapitre ou section en particulier, de la même manière que les Juifs désignent toute l'Écriture ou quelqu'une de ses parties, par le nom de *Karah* ou *Mikra*, mot qui a la même origine et le même sens que celui de *Korân*. Il ne faut pas oublier de remarquer que la première syllabe *Al* du mot *Alkoran*, est seulement un article de la langue arabe qui signifie *le*, qu'on doit l'omettre, lorsqu'on lui substitue l'article français, et qu'on doit le nommer le *Korân*.

On convient généralement que le style du *Korân* est très pur et très élégant, étant écrit dans le dialecte de la tribu des *Koreish*, qui est le plus poli et le plus noble de tous les dialectes arabes. Il est reconnu pour le modèle du langage arabe; et les plus orthodoxes croient, fondés sur le *Korân* même, que ce style ne saurait être imité par aucun écrivain humain (quoique quelques sectaires aient pensé autrement); ils regardent cette perfection de style au-dessus des forces humaines, comme un miracle permanent plus grand que ne serait la résurrection d'un mort, et qui est seul suffisant pour convaincre le monde de l'origine céleste de ce livre. Et c'est à ce miracle que Mahomet lui-même en appelle pour confirmer sa mission; il défie publiquement l'homme le plus éloquent de l'Arabie (qui de son temps fourmillait de gens dont la seule étude et toute l'ambition était d'exceller dans l'élégance du style et de la composition) de faire un seul chapitre qui pût être comparé à cet ouvrage. Je ne citerai qu'un exemple, entre plusieurs, pour faire voir que ce livre était réellement admiré, pour la beauté de son style, par ceux même que l'on reconnaît avoir été des juges compétents. Un poëme de *Lebid Ebn Rabia*, l'un des plus grands esprits de l'Arabie du temps de Mahomet, ayant été affiché sur la porte du temple de la Mecque, honneur qu'on ne faisait qu'aux ouvrages les plus estimés, il ne se trouva aucun autre poëte qui osât produire aucune composition de sa façon pour être mise en concurrence avec l'ouvrage de *Lebid*. Mais le second chapitre du *Korân* ayant été mis à côté de ce poëme, *Lebid* lui-même (quoiqu'il fût idolâtre pour lors) fut saisi d'admiration à la lecture des premiers versets, et professa tout de suite la religion qui y était enseignée, déclarant que de telles paroles ne pouvaient venir que d'une personne inspirée. Dans la suite, ce *Lebid* rendit de grands services à Mahomet, en faisant des réponses aux satires et aux invectives qui furent faites contre lui et sa religion par les infidèles, et en particulier par *Amri al Kaïs*, prince de la tribu de *Asad*, auteur de l'un de ces sept fameux poëmes appelés *al Moallakat*.

Le style du *Korân* est en général beau et

coulant, surtout dans les endroits où il imite le langage prophétique et les phrases de l'Écriture sainte. Il est concis, et souvent obscur; il est orné de figures hardies, suivant le goût des Orientaux. Ce style est animé par des expressions fleuries et sentencieuses; et en plusieurs endroits, surtout lorsqu'il s'agit de décrire la majesté et les attributs de Dieu, il est sublime et magnifique. Quoiqu'il soit écrit en prose, les sentences se terminent par des rimes redoublées, et le sens est souvent interrompu en faveur de ces rimes, et elles donnent lieu à plusieurs répétitions qui paraissent fort choquantes dans une traduction, où l'on ne peut apercevoir l'ornement qui a été cause de ces répétitions, et qui en sauve la défectuosité. Les Arabes sont si charmés de ces rimes redoublées, qu'ils les emploient dans leurs compositions les mieux travaillées, qu'ils embellissent aussi de fréquents passages du *Korân* ou d'allusions à ses sentences; en sorte qu'il est presque impossible de les entendre sans être bien versé dans ce livre.

Il est probable que l'harmonie que les Arabes trouvent dans les expressions du *Korân*, peut beaucoup contribuer à leur faire goûter la doctrine qui y est enseignée, et peut donner une efficacité à certains arguments, qui peut-être n'auraient pas paru si convaincants s'ils eussent été proposés nettement et sans ces ornements oratoires. On raconte des effets extraordinaires du pouvoir des mots bien choisis et artistement arrangés, qui, comme une sorte de musique, peuvent ravir l'ame et l'étonner. Aussi les meilleurs orateurs n'ont pas regardé l'élocution comme une des moindres parties de leur art. Il faut avoir l'oreille bien mauvaise pour n'être pas frappé de la cadence d'une sentence bien tournée; et il ne paraît pas que Mahomet ait ignoré cette opération enthousiastique de la rhétorique sur les esprits des hommes; et c'est pour cela qu'il n'a pas seulement employé tout son art dans ses prétendues révélations à conserver cette dignité et cette sublimité de style, qui semble n'être pas indigne de la majesté de cet Être qu'il veut en faire regarder comme l'auteur, et à imiter le ton des prophètes de l'Ancien Testament; mais même il n'a négligé aucun des artifices de l'art oratoire; en quoi il a si bien réussi, et il a si bien su se rendre maître de l'esprit de ses auditeurs, que plusieurs de ses adversaires lui ont reproché que c'était l'effet de quelque magie ou de quelque enchantement, comme il s'en plaint quelquefois.

« Le dessein général du *Korân* (pour me » servir des termes d'un savant auteur) » semble avoir été de réunir à une seule » religion tous les peuples de l'Arabie, dont » le plus grand nombre était idolâtre; le » reste, Juifs ou Chrétiens, la plupart hé» térodoxes : ceux qui professaient ces dif» férentes religions vivaient sans règle, et » s'égaraient faute de guide. Cette religion » consistait à connaître et à adorer un seul » Dieu, éternel, invisible, par le pouvoir » duquel toutes choses ont été faites, et qui » peut donner l'existence à celles qui ne » sont pas, qui est le Gouverneur su» prême, le Juge et le Seigneur absolu de » la création. Cette religion contenait la

» sanction de certaines lois et l'établissement des signes extérieurs de certaines cérémonies en partie d'ancienne institution, en partie nouvelles; et elle était renforcée en mettant devant les yeux des peines et des récompenses temporelles et éternelles. L'autre but du *Korân* a été de porter tous ces peuples à obéir à Mahomet, comme au prophète et à l'ambassadeur de Dieu, qui, après les fréquents avertissements, les promesses et les menaces des temps précédents, devait enfin établir et répandre la religion de Dieu sur la terre par la force des armes, et être reconnu comme souverain pontife pour le spirituel, et comme prince suprême pour le temporel. » Ainsi donc la grande doctrine du *Korân*, c'est l'unité de Dieu.

Le reste du *Korân* est employé à donner les lois les plus nécessaires, et des conseils tendants à exhorter les hommes à la pratique des vertus morales et divines sur toutes choses, à rendre au seul et vrai Dieu le culte et le respect qui lui sont dus, et à se résigner à sa volonté. Tout cela est entremêlé d'excellentes choses qui ne sont point indignes d'être lues, même par des Chrétiens.

Mais outre tout cela, il y a dans le *Korân* un grand nombre de passages qui y sont occasionnellement, et qui se rapportent à des circonstances particulières; car toutes les fois qu'il arrivait quelque chose qui intriguait et embarrassait Mahomet, il avait constamment recours à une nouvelle révélation, comme à un expédient infaillible dans tous les cas délicats; et le succès de cette méthode a toujours répondu à son attente. Ce fut certainement une invention admirable et une bonne politique à lui, de ne faire descendre le *Korân* en entier que jusqu'au ciel inférieur, et non jusqu'à la terre, comme l'aurait fait sans doute quelque prophète maladroit; car si tout avait été publié à la fois, on aurait fait des objections innombrables, qu'il lui aurait été bien difficile ou même impossible de résoudre; mais comme il prétendait ne l'avoir reçu que par morceaux, à mesure que Dieu trouvait à propos de le faire publier pour la conversion et l'instruction du peuple, il avait un moyen sûr de parer à tous les événements et de se tirer avec honneur de toutes les difficultés qui pouvaient se présenter. Que si on veut tirer de là quelque objection contre l'éternité du *Korân*, qui est un point de foi pour les Mahométans, ils y répondent aisément par leur doctrine de la prédestination absolue, suivant laquelle tous les accidents pour lesquels ces passages occasionnels ont été révélés, avaient été prédéterminés par Dieu même de toute éternité.

Que Mahomet soit réellement l'auteur et le principal inventeur du *Korân*, c'est ce qui est hors de toute conteste, quoiqu'il soit très probable que d'autres lui ont aidé, comme ses compatriotes n'ont pas manqué de le lui reprocher; cependant ils ont été si peu d'accord dans leurs conjectures sur la désignation des personnes qui lui ont donné ces secours, qu'on en peut conclure qu'ils n'étaient pas en état de prouver leurs accusations. Il est à présumer que Mahomet avait trop bien pris ses mesures pour être découvert.

Quoi qu'il en soit, les Mahométans nient absolument que le *Korán* ait été composé par leur Prophète ou par quelque autre personne; c'est pour eux un article de foi, de croire que ce livre est d'une origine divine, qu'il est éternel et non créé, et demeurant, comme quelques-uns s'expriment, dans l'essence divine. Que la première copie a été de toute éternité, auprès du trône de Dieu, écrite sur une table d'une vaste étendue, nommée la *Table conservée*, qui contient aussi les décrets de Dieu sur le passé et l'avenir : qu'une copie de cette table, écrite dans un volume de papier, fut apportée par l'ange Gabriel dans le ciel le plus bas, au mois de *Ramadán*, la nuit appelée *al Kadr* ou *du pouvoir;* que de ce ciel le plus bas, Gabriel l'a communiquée à Mahomet par morceaux, tantôt à la Mecque, tantôt à Médine, durant l'espace de vingt-trois ans, selon que les circonstances le demandaient, lui donnant néanmoins la consolation de lui faire voir une fois par an le volume entier, lequel, à ce qu'ils disent, était relié dans de la soie, et orné d'or et de pierres précieuses du paradis; et ils ajoutent qu'il eut deux fois cette satisfaction dans la dernière année de sa vie. Ils disent que peu de chapitres ont été donnés entiers, la plus grande partie ayant été révélée pêle-mêle et écrite de temps en temps par les secrétaires du Prophète, en telle ou telle partie, ou en tel ou tel chapitre, jusqu'à ce qu'ils fussent complets, suivant la direction de l'ange; et ils conviennent généralement que les cinq premiers versets du XCVI[e] chapitre sont la première portion qui ait été révélée.

Après que les passages nouvellement révélés avaient été recueillis de la bouche du Prophète par son secrétaire, on les communiquait à ses sectateurs. Plusieurs d'entre eux en prenaient des copies pour leur usage particulier; mais le plus grand nombre les apprenait par cœur. Quand on rendait les originaux, on les enfermait confusément dans un coffre sans les ranger, suivant l'ordre des temps; et c'est par cette raison qu'il est incertain dans quel temps plusieurs passages ont été révélés.

Quand Mahomet mourut, il laissa les révélations dans ce même désordre, et ne les rangea point selon la méthode où nous les trouvons aujourd'hui. Ce fut l'ouvrage de son successeur *Abou Bekr,* qui, considérant qu'un très grand nombre de passages avaient été confiés à la mémoire des sectateurs de Mahomet, et que plusieurs d'entre eux avaient été tués à la guerre, ordonna qu'on rassemblât le tout, non seulement ceux qui étaient écrits sur des feuilles de palmier et sur des peaux que l'on conservait entre deux planches ou couvertures, mais ceux encore que les Mahométans savaient par cœur; et dès que cette collection fut complète, il en confia la garde à *Hafsa,* fille d'*Omar,* une des veuves du Prophète.

C'est ce qui a fait croire qu'*Abou Bekr* était réellement le compilateur du *Korân,* quoiqu'il paraisse, au contraire, que Mahomet laissa les chapitres de ce livre, aussi complets qu'on les a aujourd'hui, à l'exception des passages que son successeur put ajouter ou corriger d'après ceux qui les avaient appris par cœur. Il paraît qu'*Abou*

Bekr ne fit peut-être autre chose que de ranger les chapitres dans l'ordre où ils sont à présent; ce qu'il parait avoir fait sans avoir égard au temps, ayant placé les plus longs chapitres les premiers.

On voit aisément, par tout ce qui vient d'être dit, combien ce livre est respecté des Mahométans. Ils n'oseraient le toucher sans s'être auparavant lavé ou purifié légalement; et dans la crainte que cela ne leur arrive par inadvertance, ils écrivent ces mots sur la couverture : *Que personne ne touche ce livre que ceux qui sont nets.* Ils le lisent avec beaucoup de soin et de respect, ne le tenant jamais plus bas que leur ceinture. Ils jurent par ce livre, le consultent dans les occasions importantes, le portent avec eux à la guerre, écrivent ses sentences sur leurs bannières, l'enrichissent d'or et de pierres précieuses, et ne souffrent pas qu'il tombe entre les mains des personnes d'une religion différente.

Bien loin que les Mahométans regardent comme une profanation de traduire le *Korân*, comme quelques auteurs l'ont avancé, ils ont soin, au contraire, qu'il soit traduit non seulement en langue persane, mais aussi en plusieurs autres langues, et particulièrement en langues javanaise et malaie. Mais par respect pour l'original arabe, ces versions sont écrites ordinairement, pour ne pas dire toujours, entre les lignes du texte original.

TABLEAU

DE LA RELIGION DE MAHOMET.

SECTION PREMIÈRE.

Des doctrines et des préceptes positifs du Korân *qui ont rapport à la foi et aux devoirs religieux.*

Le point fondamental sur lequel Mahomet a élevé sa religion, est que du commencement du monde jusqu'à la fin, il n'y a eu, et il ne doit y avoir, qu'une seule véritable religion orthodoxe; que cette religion consiste, quant à la foi, dans la connaissance d'un seul vrai Dieu, et dans la confiance et l'obéissance aux messagers ou prophètes qu'il doit envoyer de temps en temps, avec des lettres de créance convenables, pour déclarer sa volonté aux hommes. Quant à la pratique, cette religion consiste dans l'observation des lois éternelles et immuables du juste et de l'injuste, et de quelques autres préceptes et cérémonies que Dieu juge à propos d'établir pour le temps présent, suivant ses différentes dispensations en différents âges du monde : car Mahomet convient que ces préceptes et ces cérémonies sont des choses indifférentes de leur nature, et qu'ils ne deviennent obligatoires que par le précepte positif de Dieu; qu'ainsi ils sont à temps, et sujets à être changés suivant sa volonté et son bon plaisir.

Mahomet donna à cette religion le nom d'*Islamisme*, mot qui signifie, *résignation* ou *soumission au service et aux ordres de Dieu.* C'est le nom propre de la religion mahométane, que ses sectateurs prétendent être dans le fond la même que celle de tous les prophètes depuis Adam.

C'était sous le prétexte que cette religion était corrompue de son temps, et qu'aucune secte ne la professait dans sa pureté, que Mahomet prétendit être un prophète envoyé de la part de Dieu, pour corriger les abus qui s'y étaient glissés, et pour la ramener à sa simplicité primitive, en y joignant cependant quelques lois et quelques cérémonies particulières, dont quelques-unes étaient anciennement en usage, et quelques autres étaient pour lors instituées pour la première fois. Il renferma toute la substance de sa doctrine dans ces deux propositions, ou articles de foi; savoir, qu'il n'y a qu'un Dieu, et qu'il était lui-même l'apôtre de Dieu; et en conséquence de ce second article, qu'il fallait recevoir toutes les ordonnances et toutes les institutions qu'il trouva à propos d'établir, comme étant obligatoires et d'une autorité divine.

Les Mahométans divisent leur religion, qu'ils appellent *Islâm*, comme nous venons de le dire, en deux parties distinctes, l'*Imân*, c'est-à-dire, la *foi* ou la *théorie*, et le *Dîn*, c'est-à-dire la *religion* ou la *pratique*. Ils enseignent qu'elle est établie sur cinq points fondamentaux, l'un desquels appartient à la foi, et les quatre autres, à la pratique.

Le premier point est cette confession de foi, *Qu'il n'y a de Dieu que le vrai Dieu, et que Mahomet est son apôtre.* Sous ce point ils renferment six différentes branches : I. croire en Dieu; II. croire en ses anges; III. croire à ses Écritures; IV. croire à ses prophètes; V. croire à la résurrection et au jour du jugement; VI. et enfin croire aux décrets absolus de Dieu, et qu'il a prédéterminé tant le bien que le mal.

Les quatre points qui se rapportent à la pratique sont : 1° la prière, qui comprend les ablutions ou purifications, qui sont des préparations nécessaires avant que de prier; 2° les aumônes; 3° les jeûnes; 4° le pèlerinage à la Mecque. Je parlerai de toutes ces choses dans leur ordre.

Mahomet, et ceux d'entre ses sectateurs qui sont reconnus pour orthodoxes, ont eu et continuent d'avoir une juste et véritable idée de Dieu et de ses attributs (à l'exception de ce qui concerne la Trinité, qu'ils ont rejetée avec opiniâtreté), comme il paraît par le *Korân* et par les ouvrages de tous les théologiens mahométans; et ce serait perdre son temps que de réfuter l'opinion de ceux qui supposent que le Dieu de Mahomet est différent du vrai Dieu, que ce n'est qu'une divinité qu'il s'est forgée, ou une idole de son invention.

Le *Korân* prescrit absolument que l'on croie l'existence des anges et leur pureté. On regarderait comme un infidèle celui qui nierait qu'il y a de tels êtres, qui en haïrait quelqu'un, ou qui assurerait qu'il y a entre eux quelque distinction de sexe. Ils s'imaginent que les anges ont un corps pur et subtil, créé de feu; qu'ils ne mangent ni ne boivent, et qu'ils ne propagent point leurs espèces; qu'ils ont différents emplois; que les uns adorent Dieu en différentes postures; que d'autres chantent ses louanges, et que d'autres intercèdent pour le genre humain. Ils tiennent que quelques-uns sont employés à écrire les actions des hommes, et d'autres à porter le trône de Dieu ou à d'autres services. Les quatre anges qu'ils regardent comme étant le plus en faveur auprès de Dieu, et dont ils parlent souvent à cause des offices qui leur sont attribués, sont *Gabriel*, à qui ils donnent différents titres, et en particulier ceux d'esprit saint, et d'ange de révélation, supposant qu'il a été honoré de la confidence de Dieu plus qu'aucun autre, et qu'il est employé à écrire les décrets de Dieu; *Michel*, l'ami et le protecteur des Juifs; *Azraël*, l'ange de la mort, qui sépare les ames des hommes de leur corps; et *Israfil*, dont l'emploi sera de sonner la trompette au jour de la résurrection.

Les Mahométans croient encore que chaque personne est accompagnée de deux anges gardiens, qui observent et écrivent ses actions; qu'ils sont changés tous les jours; que chaque jour ils sont relevés par deux nouveaux, à cause de quoi ils les appellent *al Moakkibât*, c'est-à-dire, anges qui se *succèdent* continuellement les uns aux autres.

Mahomet et ses disciples ont emprunté des Juifs toute cette doctrine concernant les anges; et les Juifs conviennent que c'est des Perses qu'ils ont appris les noms et les offices de ces êtres. Les anciens Perses étaient fermement persuadés du ministère des anges, et qu'ils avaient la surintendance sur les affaires de ce monde (ce que les Mages croient encore). Ils leur avaient en conséquence assigné des charges distinctes et des provinces différentes : ils donnaient leurs noms aux mois et aux jours des mois. Ils appellent Gabriel *Sorûsh* et *Revân bakhch*, ou *le donneur d'ame*, par opposition à l'emploi opposé de l'ange de la mort, à qui, entre autres noms, ils ont donné celui de *Mordâd*, ou *le donneur de la mort*. Pour Michel, ils l'appellent *Bechter*, parceque, selon eux, il pourvoit à la subsistance du genre humain. Les Juifs enseignent que les anges ont été créés de feu, qu'ils ont divers offices, qu'ils intercèdent pour les hommes, et qu'ils les accompagnent. Ils nomment l'ange de la mort *Doûma*, et ils disent qu'il appelle chacun des mourants par leur nom à leur dernier moment.

Le diable, que Mahomet appelle *Eblis*, à cause de son désespoir, était un de ces anges qui approchaient le plus près du trône de Dieu; il était nommé *Azazil.* Sa chute arriva selon le *Korân*, pour avoir refusé de rendre hommage à Adam, comme Dieu le lui avait ordonné.

Outre les anges et les démons, le *Korân* enseigne aux Mahométans qu'il y a un ordre intermédiaire de créatures, qu'ils appellent *Djin* ou génies, créés aussi de feu, mais d'une nature plus grossière que celle des anges, puisqu'ils mangent et boivent, qu'ils propagent leur espèce, et qu'ils sont sujets à la mort. Ils croient qu'il y en a de bons et de mauvais, et qu'ils peuvent être sauvés ou damnés comme les hommes: et Mahomet prétendit qu'il avait été envoyé pour la conversion des génies, aussi bien que pour celle des hommes. Les Orientaux soutiennent que ces génies ont habité le monde plusieurs siècles avant la création d'Adam, qu'ils ont été soumis au gouvernement de plusieurs princes, qui tous ont porté le nom de Salomon; mais qu'étant tombés dans une corruption presque générale, *Eblis* fut envoyé pour les conduire dans un lieu écarté de la terre, où ils ont été enfermés; que

Tahmûrath, ancien roi de Perse, fit la guerre au reste de cette génération, et les força à se retirer dans les fameuses montagnes de *Kâf*. Ils ont plusieurs histoires fabuleuses des souverains et des guerres de ces génies. Ils croient qu'il y a parmi eux différents ordres, ou plutôt qu'il y en a de différentes espèces, que quelques-uns s'appellent simplement *Djin*, ou génies; d'autres *Péri*, ou fées; d'autres *Div*, ou géants; et d'autres *Tacwîns*, ou destins.

Les idées des Mahométans touchant ces génies s'accordent fort bien avec ce que les Juifs ont écrit d'une espèce de démons appelés *Shedim*, qu'ils prétendent être nés avant le déluge de deux anges, *Aza* et *Azaël*, et de *Naamah*, fille de *Lamech*. Ils disent qu'ils ont trois choses qui leur sont communes avec les anges administrateurs: 1° que comme eux ils ont des ailes; 2° qu'ils peuvent voler comme eux d'un bout du monde à l'autre; et 3° qu'ils ont quelque connaissance de l'avenir. Ils assurent qu'ils ont aussi trois choses qui leur sont communes avec les hommes: 1° qu'ils mangent et boivent comme eux; 2° qu'ils propagent leur espèce; et 3° qu'ils sont sujets à la mort. Ils disent aussi que quelques uns d'entre eux croient à la loi de Moïse, et qu'en conséquence ils sont bons, mais que d'autres sont infidèles et réprouvés.

Quant aux écrits sacrés, le *Korân* enseigne aux Mahométans qu'en différents temps Dieu a révélé par écrit sa volonté à ses prophètes, et qu'il est nécessaire, pour être bon Musulman, de croire tout ce qui est contenu dans ces écrits. Ces livres sacrés sont, suivant les Mahométans, au nombre de cent quatre : dix ont été donnés à *Adam;* cinquante à *Seth;* trente à *Edris*, qui est le même qu'*Enoch;* dix à *Abraham;* et les quatre autres, savoir : le *Pentateuque*, les *Psaumes*, l'*Evangile* et le *Korân*, ont été successivement donnés à Moïse, à David, à Jésus et à Mahomet : que ce dernier étant le sceau des prophètes, on n'en doit plus attendre, et que les révélations sont à présent closes, etc. Ils conviennent qu'à l'exception des quatre derniers livres, tout le reste est perdu; que l'on ignore ce qui y était contenu, bien que les Sabéens aient plusieurs ouvrages qu'ils attribuent aux prophètes antérieurs au déluge. Que de ces quatre livres qui subsistent, les trois premiers, savoir, le *Pentateuque*, les *Psaumes* et l'*Evangile*, ont souffert tant d'altérations et de corruptions, que, quoiqu'il y en ait peut-être encore quelque portion qui soit la vraie parole de Dieu, l'on ne peut cependant faire aucun fonds sur les copies qui sont à présent entre les mains des Juifs et des Chrétiens. Les Juifs en particulier sont fréquemment accusés, dans le *Korân*, d'avoir falsifié et corrompu les copies de leur loi : mais les auteurs mahométans n'ont sur ce point, pour toute autorité, que leurs préjugés et les récits fabuleux de leurs fausses légendes. Ils donnent quelques exemples de ces prétendus changements faits dans le livre de la loi, et dans les deux autres. Je ne sais pas sûrement si les Mahométans ont une copie du *Pentateuque*, différente ou non différente de celle des Juifs. On dit qu'une personne qui voyageait dans l'Orient rapporte que les Mahométans avaient les livres de Moïse, quoique fort corrompus. Mais je ne connais qui que ce soit qui dise les avoir vus; cependant il est certain qu'ils ont et qu'ils lisent dans leur particulier un livre intitulé *les Psaumes de David*, écrit en arabe et en persan, auquel se trouvent jointes quelques prières de Moïse, Jonas et autres. M. Reland suppose que c'est une traduction faite d'après nos exemplaires, quoique sans doute falsifiés en plus d'un endroit. D'Herbelot dit que ces psaumes arabes ne contiennent pas les mêmes psaumes qui sont dans notre Psautier; mais que c'en est un extrait mêlé d'autres pièces fort différentes. On peut accorder les sentiments de ces deux savants, en supposant que ces messieurs parlent de différents exemplaires.

Les Mahométans ont aussi un évangile en arabe, attribué à saint Barnabas, où l'histoire de Notre-Seigneur est rapportée tout différemment que dans nos Evangiles, et s'accorde avec les traditions que Mahomet a suivies dans son *Korân*. Les Maures d'Afrique ont une traduction espagnole de cet évangile : on suppose qu'elle a été faite pour l'usage des renégats. Ce livre ne paraît pas avoir été fabriqué par les Mahométans, quoique sans doute ils y aient inséré et changé diverses choses, selon que cela convenait à leurs desseins; en particulier, au lieu du mot *Paraclet* ou de *Consolateur*, ils ont mis dans cet évangile apocryphe le mot de *Periclyte*, c'est-à-dire, *le Fameux* ou *l'Illustre;* et ils prétendent que cette expression désigne leur Prophète par son propre nom, parceque le nom de Mahomet signifie la même chose en arabe. Et ce changement du mot de *Paraclet* en *Périclyte*, et la conséquence qu'ils en tirent, leur sert à justifier ce passage du *Korân*, où il est assuré formellement que Jésus-Christ avait prédit la venue de Mahomet, sous son autre nom *Ahmed*, qui est dérivé de la même racine, et qui a la même signification à peu près que le nom de Mahomet. C'est de ce faux évangile, ou d'autres de pareille fabrique, que les Mahométans tirent plusieurs passages qu'ils citent, et dont on ne trouve pas le moindre vestige dans le Nouveau Testament. Il paraît cependant que l'on ne doit pas conclure de ces citations que les Mahométans regardent leurs copies comme étant les écrits sacrés, anciens et authentiques. Si on leur objecte que le *Pentateuque* et l'*Evangile* ayant été corrompus, le *Korân* pourrait l'avoir été aussi, ils répondent que Dieu a promis qu'il prendrait soin de ce dernier, et qu'il ne permettrait pas qu'il s'y fît aucune addition ni aucun retranchement; mais qu'il avait abandonné les deux autres à la discrétion des hommes. Ils avouent cependant qu'il y a quelques différentes leçons dans le *Korân*, comme nous l'avons déja observé.

Outre les livres dont on vient de parler, les Mahométans connaissent encore les écrits de Daniel et de plusieurs autres prophètes, et en citent des morceaux; mais ils ne les mettent point au rang des écrits divins, et ne croient pas qu'ils soient d'aucune autorité en matière de religion.

Le nombre des prophètes que Dieu a envoyés de temps en temps sur la terre n'est pas moindre de deux cent vingt-quatre mille, suivant une tradition mahométane, ou de cent vingt-quatre mille, suivant une autre. Parmi ces prophètes, trois cent treize ont été envoyés avec une commission particulière d'apôtres, c'est-à-dire, ont été chargés de retirer les hommes de leur infidélité et de leurs superstitions. Six d'entre eux ont établi de nouvelles lois et de nouvelles économies, dont la dernière abrogeait toujours la précédente. Ces six sont: *Adam, Noé, Abraham, Moïse, Jésus* et *Mahomet*. Les Mahométans croient que tous les prophètes en général ont été exempts de grands péchés, et ne sont tombés dans aucune erreur de conséquence; qu'ils ont professé une même religion, savoir l'Islamisme, bien que leurs lois et leurs institutions n'aient pas été les mêmes. Ils reconnaissent quelque différence entre eux, et avouent que quelques uns ont été plus excellents et plus respectables que d'autres. Ils donnent le premier rang à ceux qui ont révélé et établi de nouvelles dispensations, et mettent au second rang les apôtres.

Dans ce grand nombre de prophètes, ils placent plusieurs patriarches, et quantité d'autres personnes nommées dans l'Écriture sainte, mais qui n'y sont point désignées comme étant prophètes; (en quoi les auteurs juifs et chrétiens leur ont montré le chemin.) Ces prophètes sont : *Adam*, *Seth*, *Lot*, *Ismaël*, *Nun*, *Josué*, et quelques autres encore, auxquels ils donnent un nom différent de celui qu'ils ont dans l'Écriture; tels sont *Enoch*, *Héber* et *Jéthro*, qui sont appelés dans le *Korân* : *Edris*, *Hoûd* et *Schoaïb*. Ils mettent encore dans ce rang plusieurs personnes dont les noms ne sont pas dans nos saintes Ecritures, mais qu'ils prétendent y trouver, comme *Saleh*, *Khedr*, *Dhulkefl*, etc.; et ils ont plusieurs traditions fabuleuses concernant ces prophètes.

Comme Mahomet a reconnu l'autorité divine du *Pentateuque*, des *Psaumes* et de l'*Evangile*, il en appelle souvent à la conformité du *Korân* avec ces mêmes écrits, et avec les écrits des prophètes, comme étant des preuves de sa mission. Il accuse souvent les Juifs et les Chrétiens d'avoir supprimé les passages qui lui rendent témoignage. Ses sectateurs ne manquent pas aussi de produire divers textes tirés de nos propres copies du Vieux et du Nouveau Testament, pour soutenir la cause de leur maître.

Le second article de foi que le *Korân* exige, est la créance de la résurrection et du jugement dernier : mais avant que d'examiner l'opinion des Mahométans sur ces deux articles, il est à propos de rapporter ce qu'on leur enseigne touchant l'état intermédiaire de l'ame et du corps après la mort.

Lorsqu'un corps est mis dans le tombeau, ils disent qu'il est reçu par un ange, qui lui annonce la venue des deux anges examinateurs. Ces anges examinateurs sont noirs et livides, et d'une figure terrible ; ils se nomment *Monkir* et *Nakir*. Ils ordonnent au défunt de se tenir sur son séant, tandis qu'ils l'examinent sur sa foi, tant par rapport à l'unité de Dieu, que par rapport à la mission de Mahomet. S'il répond d'une manière satisfaisante, ces deux anges permettent que le corps repose en paix, et soit rafraîchi par l'air du paradis ; mais s'il répond mal, ils le frappent sur les tempes avec des massues de fer, jusqu'à ce que la douleur lui fasse pousser de si hauts cris qu'il soit entendu depuis le levant jusqu'au couchant, par tous les êtres, à l'exception des hommes et des génies. Alors ils pressent la terre sur ce corps, qui est mordu et rongé par quatre-vingt-dix-neuf dragons à sept têtes, jusqu'au jour de la résurrection; ou, selon d'autres, leurs péchés se transforment en bêtes venimeuses, dont les plus grandes les mordent comme des dragons. Les péchés moins grands piquent comme des scorpions; d'autres, comme des serpents. Quelques uns entendent ces circonstances dans un sens figuré.

La persuasion de cet examen, qui se fait dans le sépulcre, n'est pas seulement fondée sur une tradition expresse de Mahomet, mais même le *Korân* fait une manifeste allusion à cet examen, quoiqu'il n'en parle pas directement, comme les commentateurs en conviennent; c'est pour cela que les Mahométans orthodoxes le croient généralement, et qu'ils ont soin que leurs tombeaux aient une certaine profondeur, pour pouvoir se relever sur son séant durant le temps de l'examen. Mais cette opinion est rejetée par la secte des *Motazalites*, et peut-être par quelques autres. Mahomet a certainement pris ces idées des Juifs, chez qui elles étaient reçues depuis très longtemps. Ils disaient que lorsque l'ange de la mort venait s'asseoir sur un sépulcre, l'ame du défunt rentrait dans le cadavre et le faisait lever sur ses pieds; qu'alors cet ange examinait le défunt, et le frappait avec une chaîne moitié de fer et moitié de feu; qu'au premier coup tous ses membres étaient désunis; qu'au second ses os étaient dispersés, que les anges les rassemblaient ensuite; et qu'au troisième coup le corps était réduit en poudre et en cendre, et rentrait dans le tombeau. Les Juifs appellent cette torture *Hibut hakkeber*, ou *le frappement du sépulcre*, et prétendent que tous les hommes la subiront, excepté seulement ceux qui meurent le soir du *Sabbath*, ou ceux qui ont habité la terre d'Israël.

Si l'on objecte aux Mahométans que le cri de ceux qui sont examinés de la sorte n'a jamais été ouï, ou si on leur demande comment les corps qui ont été brûlés ou dévorés par les bêtes ou par les oiseaux, ou autrement consumés sans avoir eu de sépulture, peuvent être examinés de la sorte, ils répondent, sur le premier article, que personne ne connaît ce qui se passe sous le tombeau, et, sur le second, qu'il suffit de rendre la vie à quelque partie du corps que ce soit, pour qu'elle soit en état d'entendre les questions des deux anges, et de leur répondre.

Par rapport à l'ame, ils croient que, quand elle est séparée du corps par l'ange de la mort (qui s'acquitte de cet emploi d'une manière douce et modérée quand il s'agit de gens de bien, et quand il s'agit de méchants, d'une manière violente), elle entre dans cet état qu'ils nomment *al Berzakh* ou l'*intervalle* entre la mort et la résurrection. Si le défunt est un croyant, ils disent que deux anges viennent au-devant de cette ame, et la conduisent au ciel pour y être placée selon son mérite et son rang. Car les Mahométans distinguent les ames des croyants en trois classes : celles des prophètes, qui sont reçues d'abord dans le ciel; celles des martyrs, qui, selon une tradition de Mahomet, demeurent dans le gésier des oiseaux verts nourris des fruits du paradis et abreuvés de l'eau des fleuves qui l'arrosent; et celles enfin du reste des fidèles. Pour ces dernières, les opinions sont fort différentes sur leur état avant la résurrection; car, 1° les uns croient qu'elles se tiennent ordinairement près des sépulcres, cependant avec la liberté d'aller où il leur plaît; et ils appuient cette idée sur ce que Mahomet, en passant près des tombeaux, avait accoutumé de les saluer, et affirmait que les défunts recevaient ces salutations aussi bien que s'ils étaient vivants; mais qu'ils ne pouvaient les rendre : c'est peut-être aussi sur cela qu'est fondée la coutume qui est si répandue chez les Mahométans, d'aller visiter les tombes de leurs parents. 2° D'autres s'imaginent que les ames sont avec Adam dans le ciel le plus bas, et ils s'appuient aussi de l'autorité du Prophète, qui racontait qu'au retour de son voyage nocturne, dans lequel il alla au ciel le plus élevé, il avait vu dans le ciel le plus bas les ames destinées à habiter le paradis, à la droite d'Adam, et les ames de ceux qui étaient destinés à l'enfer, à sa gauche. 3° D'autres s'imaginent que les ames des fidèles sont conservées dans le puits de *Zemzem*, et que celles des réprouvés sont dans celui de *Borhût*, dans la province *d'Hadramaut;* mais cette opinion est regardée comme hérétique. 4° D'autres disent qu'elles demeurent pendant sept jours auprès de leurs tombeaux; mais qu'ils ignorent le lieu où elles vont ensuite. 5° D'autres, qu'elles sont dans la trompette, au son de laquelle les morts ressusciteront. 6° D'autres, que les ames des bons demeurent au pied du trône de Dieu sous la forme d'oiseaux blancs. Quant aux ames des damnés, outre les opinions qu'on a rapportées, les plus orthodoxes croient qu'elles sont présentées devant le ciel par les anges, d'où étant repoussées comme sales et puantes, les mêmes anges les présentent aussi à la terre, où ne trouvant aucune place, elles sont précipitées dans la septième terre, et enfermées dans un donjon appelé *Sadjin*, situé sous un roc vert, ou, suivant une tradition de Mahomet, sous la mâchoire du diable, pour y être tourmentées jusqu'à ce qu'elles soient appelées pour être réunies à leurs corps.

Quoique quelques uns des Mahométans aient pensé que la résurrection était purement spirituelle, et n'était autre chose que le retour des ames dans le lieu d'où elles étaient premièrement venues (ce qui est l'opinion soutenue par *Ebn Sina*, et appelée par quelques personnes l'*opinion des philosophes*), et que d'autres, qui croient que l'homme est purement corporel, n'admettent que la résurrection des corps, cependant l'opinion la plus générale est que la résurrection aura également lieu pour l'ame et pour le corps, et leurs docteurs soutiennent fermement la possibilité de la résurrection des corps, et raisonnent avec beaucoup de subtilité sur la manière dont elle se fera. Pour Mahomet, il a pris grand soin de réserver une certaine portion du corps (quel que soit le sort du reste) pour servir de base à l'édifice qui doit être rétabli, ou comme un levain qui sert à ranimer toute la masse qui doit y être réunie ; car il enseigne que le corps humain était entièrement consumé par la terre, à l'exception de l'os nommé *al ajb*, (os coccygis), ou l'os du croupion ; et que comme cet os a été le premier créé, il demeurera de même incorruptible jusqu'au dernier jour, comme une semence qui doit renouveler tout le reste ; ce qui se fera par le moyen d'une pluie de quarante jours que Dieu enverra, laquelle couvrant la terre jusqu'à la hauteur de douze coudées, fera germer les corps comme des plantes.

En cela encore Mahomet a suivi l'idée des Juifs, qui disent les mêmes choses de l'os *Luz*, excepté qu'il attribue à une grande pluie ce qui, selon ceux-ci, ne doit être l'effet que d'une rosée, dont la poussière du globe terrestre sera imprégnée.

Les Mahométans conviennent bien que le temps de la résurrection n'est connu que de Dieu seul, l'ange Gabriel ayant avoué à Mahomet l'ignorance où il était lui-même sur cet article ; cependant ils disent que l'on reconnaîtra la proximité de ce jour à certains signes qui doivent le précéder. Ces signes sont de deux espèces ; les uns moins remarquables, et les autres plus éclatants. Je suivrai Pocock dans l'énumération qu'il en fait. Voici les signes moins remarquables :

1° La diminution de la foi parmi les hommes.

2° L'avancement des personnes de basse condition aux dignités éminentes.

3° Que la servante deviendra la mère de sa maîtresse, ou de son maître ; par où ils entendent, ou que les derniers habitants du monde seront fort adonnés à la sensualité, ou que les Mahométans feront un grand nombre de captifs.

4° Des tumultes et des séditions.

5° Une guerre avec les Turcs.

6° Une calamité si grande, que ceux qui passeront auprès du sépulcre d'un homme diront : « Plût à Dieu que je fusse à sa place ! »

7° Le refus que les provinces d'*Irak* et de Syrie feront de payer tribut.

8° Enfin, que les édifices de la Mecque s'étendront jusqu'à *Ahab* ou *Yahab*.

Les signes éclatants sont les suivants :

1° Le lever du soleil à l'occident. (Quelques personnes ont imaginé que cela avait eu lieu au commencement du monde).

2° L'apparition d'une bête, qui sortira de la terre, ou dans le temple de la Mecque, ou sur le mont *Safâ*, ou dans le territoire de *Tâyef*, ou dans quelque autre lieu. Cette bête aura soixante coudées de haut (quoique d'autres, peu contents d'une si petite taille, assurent que lorsque sa tête seulement sera sortie, elle atteindra les nues; qu'elle ne paraîtra que pendant trois jours seulement, et qu'on ne verra que la troisième partie de son corps). Voici la description qu'ils en font. C'est un monstre dont la forme participe de celle de plusieurs animaux : il aura la tête d'un taureau, les yeux d'un porc, les oreilles d'un éléphant, les cornes d'un cerf, le col d'une autruche, la poitrine d'un lion, la couleur d'un tigre, le dos d'un chat, la queue d'un bélier, les jambes d'un chameau et le cri de l'âne. Quelques uns disent que cette bête paraîtra trois fois en différents endroits, et portera la verge de Moïse et le sceau de Salomon; qu'elle sera d'une agilité si grande, que personne ne pourra lui échapper; qu'avec la verge de Moïse, elle frappera tous les croyants au visage, et les marquera du mot *Mûmen*, c'est-à-dire, *croyant*, et qu'avec le sceau de Salomon elle marquera de même la face des infidèles du mot *Câfer*, c'est-à-dire, *infidèle*, afin que chacun soit reconnu pour ce qu'il est réellement : ils ajoutent que cette bête fera voir la vanité de toutes les religions, à la réserve de l'Islamisme, et qu'elle parlera l'arabe. Tout ce fagotage semble être le résultat de quelque idée confuse de la bête de l'Apocalypse.

3° Un autre signe éclatant sera une guerre avec les Grecs, et la prise de Constantinople par soixante et dix mille hommes de la postérité d'Isaac, lesquels ne l'emporteront point par la force, mais pendant qu'ils crieront : *Qu'il n'y a point d'autre Dieu que Dieu; Dieu est très grand!* les murailles de la ville tomberont d'elles-mêmes; mais que tandis qu'ils partageront les dépouilles, il leur viendra des nouvelles que l'Antechrist paraît, et que sur cela ils abandonneront leur butin, et retourneront sur leurs pas.

4° Un quatrième signe est la venue de l'Antechrist, appelé par les Mahométans le *Masihal Dadjdja*, c'est-à-dire, le *faux Christ*, ou seulement *al Dadjdja*. Il n'aura qu'un œil, et sera marqué sur son front des lettres C. F. R., qui signifient *Câfer* ou *infidèle*. Ils disent que les Juifs lui donnent le nom de *Messiah Ben David*, et prétendent qu'il doit venir dans les derniers temps, et qu'il règnera tant sur la terre que sur la mer, et qu'il rétablira leur royaume. Suivant les traditions de Mahomet, il paraîtra d'abord entre l'Irak et la Syrie, ou, selon d'autres, dans la province de Khorassan. Ils ajoutent qu'il sera monté sur un âne, qu'il sera suivi de soixante et dix mille Juifs d'Ispahan, et demeurera quarante jours sur la terre; que l'un de ces jours égalera une année, un autre égalera un mois, un autre jour sera d'une semaine, et les autres jours seront des jours ordinaires; qu'il doit ravager tous les lieux du monde, à l'exception de la Mecque et de Médine, qui seront défendues par les anges; mais qu'à la fin il sera mis à mort par Jésus, qui doit le rencontrer à la porte de *Lud*. Mahomet a prédit la venue de trente antechrists, dont il y en aura un plus grand que tous les autres.

5° La descente de Jésus-Christ sur la terre. Il doit, suivant eux, descendre près de la tour blanche, à l'orient de Damas, dans le temps du retour de ceux qui auront pris Constantinople; il embrassera le Mahométisme, se mariera, aura des enfants, tuera l'Antechrist, et mourra lui-même, après avoir été sur la terre quarante ans, ou, selon d'autres, vingt-quatre ans : sous son gouvernement, la paix et l'abondance régneront sur la terre; toute malice et toute haine en seront bannies; les lions et les chameaux, les ours et les agneaux paîtront ensemble, et les petits enfants badineront avec les serpents sans être blessés.

6° Une guerre avec les Juifs, dont Mahomet fera un horrible carnage, les rochers et les arbres découvrant ceux qui voudraient se cacher, à l'exception de l'arbre *Gharkad*, qui est l'arbre des Juifs.

7° L'éruption de *Gog* et *Magog*, appelés par les Orientaux *Yadjoûdj* et *Madjoûdj*, dont le *Korân* et les traditions de Mahomet parlent beaucoup. Ces barbares, disent-ils, après avoir passé le lac de Tibériade, qui sera bu à sec par l'avant-garde de leur armée, viendront à Jérusalem, et serreront de près Jésus et ses compagnons; mais à sa prière, Dieu les détruira, et la terre sera couverte de leurs carcasses; mais après quelque temps, à la prière de Jésus et de ses sectateurs, Dieu enverra des oiseaux pour emporter leurs os. Les Moslems brûleront leurs flèches, leurs arcs et leurs carquois pendant sept ans, après quoi Dieu enverra une pluie qui nettoiera la terre et la rendra fertile.

8° Une fumée qui couvrira toute la terre.

9° Une éclipse de lune. On rapporte que Mahomet a dit qu'il y en aurait trois avant le dernier jour, l'une à l'orient, la seconde à l'occident, et une troisième en Arabie.

10° Le culte des anciennes idoles, celui d'*Allât* et *al Uzza* en particulier, rétabli chez les Arabes; ce qui arrivera après la mort de tous ceux qui auront de la foi gros comme un grain de semence de moutarde, et qu'il ne restera en vie que les plus méchants des hommes; car Dieu, disent les Mahométans, fera passer un vent odoriférant et froid, qui venant de la Syrie Damascène emportera les ames de tous les fidèles, et le *Korân* lui-même; de sorte que les hommes resteront dans la plus grossière ignorance pendant cent ans.

11° La découverte d'un grand amas d'or et d'argent, par la retraite de l'Euphrate : ce qui sera cause de la perte d'un grand nombre de personnes.

12° La démolition de la *Kaaba*, temple de la Mecque, par les Éthiopiens.

13° Le don de la parole accordé aux animaux et aux êtres inanimés.

14° L'éruption d'un feu dans la province de *Hedjaz*, ou, selon d'autres, dans celle d'*Yémen*.

15° L'apparition d'un descendant de *Kahtan*, qui chassera les hommes devant lui avec son bâton.

16° La venue de *Mohdi*, ou du Directeur,

touchant lequel Mahomet a prédit que le monde ne prendrait fin qu'après que les Arabes auraient été gouvernés par une personne de sa famille, qui aurait le même nom que lui, dont le père aurait le même nom que le père du Prophète, et qui ferait régner la justice sur la terre. Les *Shiites* croient que cette personne vit à présent dans quelque lieu inconnu, où elle demeurera cachée jusqu'au temps de sa manifestation; que cette personne est le dernier des douze *Imâns*, appelé *Mahomet Abulkasem* (ce qui est le nom du Prophète), et qui est fils d'*Hassan al Askeri*, le onzième de cette succession : il naquit à *Sermanray*, la deux cent cinquante-cinquième année de l'hégire. C'est apparemment cette tradition qui a donné lieu à cette opinion assez commune chez les Chrétiens, que les Mahométans attendent le retour de leur Prophète.

17° Un vent qui emportera les ames de ceux qui auront de la foi, ne fût-ce que comme un grain de moutarde : on en a parlé à l'occasion du dixième signe.

Voilà les grands signes qui, suivant leur

doctrine, seront les avant-coureurs de la résurrection, sans pourtant déterminer son heure; car le signe qui la précédera immédiatement doit être le premier des trois sons de la trompette. Ils appellent le premier son, *le son de la consternation*, qui remplira de terreur tous les habitants des cieux et de la terre, à l'exception de ceux que Dieu voudra bien exempter de cette terreur. Les effets attribués à ce premier son de trompette sont des plus étonnants; la terre, selon eux, sera ébranlée, et non seulement les édifices seront renversés rez pied, rez terre, mais même les montagnes seront aplanies, les cieux se fondront, le soleil sera obscurci, les étoiles tomberont par la mort des anges qui les tiennent suspendues entre le ciel et la terre, les mers seront desséchées ou changées en feu, le soleil, la lune et les étoiles y ayant été jetés. Le *Korân*, pour exprimer la grandeur de l'effroi de ce jour, ajoute que les femmes qui allaiteront leurs enfants dans ce moment, les abandonneront, et que l'on négligera totalement les femelles de chameaux qui auront des petits de dix mois ; ce qui est la plus grande richesse des Arabes.

Un autre effet de ce premier son de trompette sera le concours des animaux dont il est fait mention dans le *Korân.* Quoique quelques uns soient en doute si cet événement précédera la résurrection, ou non, ceux qui croient que cela sera, disent que les animaux de toute espèce, oubliant leur férocité ou leur timidité naturelle, courront tous ensemble dans un même lieu, étant effrayés par le son de cette trompette et par l'ébranlement soudain de toute la nature.

Les Mahométans croient que ce premier son sera suivi d'un autre, qu'ils appellent le *son de l'examination.* Alors toutes les créatures qui habitent le ciel et la terre mourront, ou seront anéanties, excepté celles qu'il plaira à Dieu d'exempter de ce commun destin. Cela s'exécutera, disent-ils, dans un clin d'œil, ou plutôt dans l'instant. Rien ne survivra à ce moment, excepté Dieu seul, le paradis et l'enfer, avec leurs habitants, et le trône de gloire. Le dernier qui mourra, ce sera l'ange de la mort.

Quarante ans après ce second son, on entendra le son de la résurrection, lorsque la trompette sera sonnée pour la troisième fois par *Israfil,* qui aura été rappelé à la vie avec Gabriel et Michel, avant tous les autres êtres. Il se tiendra sur un roc du temple de Jérusalem, et appellera, pour le jugement, tous les os secs et pourris, et les autres parties dispersées des corps, jusqu'aux cheveux mêmes. Cet ange ayant embouché la trompette par l'ordre de Dieu, et ayant appelé toutes les ames dispersées dans toutes les parties du monde, les mettra dans sa trompette; et lorsque par l'ordre de Dieu il sonnera pour la dernière fois, toutes ces ames sortiront de sa trompette, en volant comme un essaim d'abeilles, et rempliront tout l'espace entre le ciel et la terre, et rentreront chacune dans le corps qu'elles avaient occupé, et qu'elles trouveront sortant dans ce moment même de la terre, qui s'entr'ouvrira pour les laisser passer. Suivant une tradition de Mahomet, le premier corps qui sortira sera celui du Prophète. Une pluie, qui tombera pendant quarante ans, aura préparé la terre pour cette naissance; elle aura rassemblé tous les germes humains, et se mêlant à l'eau qui sort de dessous le trône de Dieu, qui est appelée l'*eau vivante*. Par la vertu de cette eau vive, les corps morts germeront et croîtront jusqu'à ce qu'ils soient revenus à leur perfection, tout comme ils avaient crû dans le sein de leur mère, ou comme pousse le blé après une pluie ordinaire. Après quoi ces corps seront pénétrés d'un souffle, et ils dormiront dans leur sépulcre, jusqu'à ce qu'ils soient ranimés au son de la dernière trompette.

Quant à la durée du jour du jugement, le *Korân* dit dans un endroit qu'elle sera de mille ans, et dans un autre, de cinquante mille.

Les commentateurs se servent de divers expédients pour concilier cette contradiction apparente. Les uns disent qu'on ignore de quelle espèce de mesure de temps Dieu a voulu se servir dans ces deux passages; les autres prétendent que ces manières de parler sont figurées, et ne doivent point être prises à la lettre, et qu'elles ne servent qu'à exprimer l'horreur de ce jour; car il est ordinaire aux Arabes de représenter ce qui leur fait de la peine, comme une chose de longue durée, et ce qui leur fait plaisir, comme ne durant qu'un instant; d'autres supposent que cela n'est dit que pour faire connaître la difficulté de l'œuvre de ce jour, qui est telle, que si Dieu remettait cet ouvrage à quelqu'une de ses créatures, il n'en est aucune qui pût l'achever, même dans ce nombre prodigieux d'années. Il y a encore d'autres opinions sur cet article, dont on parlera ailleurs.

En voilà assez sur ce qui regarde le temps de la résurrection : voyons à présent, suivant la doctrine des Mahométans, qui sont ceux qui ressusciteront, comment et dans quel état ils ressusciteront, dans quel lieu ils seront assemblés, et le but de cette assemblée.

L'opinion de tous les Mahométans est que la résurrection sera générale, qu'elle s'étendra sur toutes les créatures, anges, génies, hommes, animaux : c'est ce qu'enseigne le *Korân*, quoique le passage qui concerne la résurrection des animaux soit interprété par quelques uns dans un autre sens.

La manière dont les morts ressusciteront variera beaucoup. Ceux qui sont destinés au bonheur éternel ressusciteront glorieusement et sans crainte; ceux qui sont destinés à la misère, ressusciteront avec des frayeurs terribles, et couverts de honte. Quant aux hommes, ils ressusciteront parfaits dans tout leur corps, et tels qu'ils sont venus au monde, c'est-à-dire, nus et incirconcis. Mahomet, racontant ces circonstances à *Ayesha* sa femme, elle trouva qu'elles étaient peu conformes aux règles de la modestie, et elle objecta à son mari qu'il serait très indécent aux hommes et aux femmes de se regarder les uns les autres dans un pareil état; mais Mahomet lui répondit que les événements de ce jour seraient trop importants et trop graves pour leur permettre de faire usage de cette liberté. D'autres, cependant, allèguent l'autorité de leur Prophète pour soutenir l'opinion contraire quant à la nudité, et prétendent qu'il a assuré que les morts ressusciteraient dans les habits qu'ils avaient à l'heure de leur décès ; à moins que nous n'interprétions ces dernières paroles, comme quelques personnes, non pas tant des habillements des corps, mais de l'habillement intérieur de l'ame, et qu'on n'entende par là que chacun ressuscitera dans le même état dans lequel il est mort, par rapport à sa foi ou à son incrédulité, à sa connaissance ou à son ignorance, à ses bonnes ou à ses mauvaises œuvres.

On dit encore que Mahomet a enseigné par une autre tradition, que le genre humain sera rassemblé au dernier jour et distingué en trois classes : la première, de ceux qui vont à pieds ; la seconde, de ceux qui seront bien montés ; la troisième, de ceux qui rampent le visage contre terre. La première classe est composée des croyants, dont les bonnes œuvres sont en petit nombre ; la seconde, de ceux qui sont plus honorés de Dieu, et qui lui sont agréables : et c'était de là qu'*Ali* affirmait que les gens de bien, en sortant de leurs sépulcres, trouveraient des chameaux blancs et ailés, ayant des selles d'or préparées pour eux (et l'on peut reconnaître en ceci quelque vestige de la doctrine des anciens Arabes). Enfin la troisième classe sera, disent-ils, composée des infidèles, que Dieu fera paraître le visage contre terre, et qui seront aveugles, sourds, muets et sans entendement : mais ce ne sera pas la seule marque distinctive des impies; car, suivant une tradition du Prophète, il y aura dix espèces de pécheurs, auxquels Dieu mettra dans ce jour des marques particulières. Les premiers paraîtront en forme de singes; ce sont les sectateurs du *Zendicisme :* les seconds, en forme de porcs; ce sont ceux qui ont couru après un gain déshonnête, et se sont enrichis en opprimant le public : les troisièmes auront leurs têtes renversées et les pieds tordus; ceux-ci sont les usuriers : les quatrièmes sont les juges iniques; ils seront aveugles et erreront à l'aventure. Ceux qui se glorifient de leurs propres œuvres feront la cinquième classe; ils seront aveugles, sourds, muets et sans entendement. Les savants et les docteurs, qui font le contraire de ce qu'ils disent, feront la sixième classe; ils rongeront leurs langues, qui pendront sur leur poitrine; un sang corrompu sortira de leur bouche, et chacun en aura horreur. Ceux qui auront fait des injustices à leurs voisins, feront la septième classe : ils auront les mains et les pieds coupés. Les faux accusateurs, et ceux qui font de faux rapports, formeront la huitième classe; ils seront attachés à des troncs de palmiers, ou à des pieux de différents bois. Ceux de la neuvième classe seront plus puants que des cadavres; ce sont ceux qui n'ont rien refusé à leurs passions et à leurs desirs voluptueux, et qui n'ont pas voulu consacrer à Dieu la portion de leurs biens qui lui était due. Enfin, les orgueilleux, les arrogants, ceux qui ont eu de la vaine gloire, seront revêtus d'habits doublés de poix, et feront la dixième et dernière classe de ces malheureux.

Le *Korân* et les traditions de Mahomet s'accordent à placer sur la terre le lieu où les hommes doivent être assemblés en jugement; mais ils diffèrent quant à la situation de ce lieu : les uns disent que le Prophète a nommé la Syrie, d'autres, une étendue de terre blanche et unie, sans habitants et sans édifices; *al Ghazali* croit que ce sera une seconde terre, qu'il suppose être d'argent; d'autres, que ce sera une terre qui n'aura rien de commun avec la nôtre que le nom. Il peut être qu'ils aient eu quelque connaissance des nouveaux cieux et de la nouvelle terre dont il est parlé dans l'Écriture, et ce peut être de là qu'est venue cette expression du *Korân : Au jour où la terre sera changée en une autre terre.*

Les Mahométans assurent que les hommes ressusciteront, afin de rendre compte de leurs actions et d'en recevoir la rétribution; et ils croient que non seulement les hommes, mais aussi les génies et les bêtes brutes seront jugés dans ce grand jour; que le bétail qui n'est pas armé prendra vengeance des bêtes à cornes, jusqu'à ce que celui qui a été outragé ait reçu une entière satisfaction.

Quant au genre humain, ils pensent qu'il ne sera pas jugé immédiatement après qu'il sera tout rassemblé ; mais que les anges feront rester chacun dans son rang et dans son ordre, jusqu'au moment où devra se faire ce jugement ; les hommes resteront dans cette attente, suivant les uns, pendant quarante ans ; selon d'autres, pendant soixante et dix ans ; d'autres vont à trois cents ans, et même d'autres à cinquante mille ans ; chacun d'eux s'appuyant sur l'autorité de leur Prophète. Pendant ce temps-là les hommes seront debout, regardant vers le ciel, sans en recevoir ni ordre ni aucune nouvelle. Les justes et les injustes souffriront de cruels tourments, quoique avec une manifeste différence ; car les corps des premiers, et en particulier ce qui aura été lavé par les ablutions cérémonielles qui précèdent la prière, brillera glorieusement, et leurs souffrances seront légères en comparaison de celles des injustes ; et elles ne dureront que le temps nécessaire pour faire des prières établies ; mais les visages des méchants seront noircis et défigurés par tous les caractères de désespoir. Une de leurs grandes souffrances sera une sueur étonnante et incroyable, qui fermera leur bouche, et dans laquelle ils seront plongés plus ou moins suivant la grandeur de leurs crimes : à quelques-uns elle montera jusqu'à la cheville du pied ; à d'autres, jusqu'au genou ; à d'autres, jusqu'au milieu du corps, même jusqu'à la bouche ou jusqu'aux oreilles. Et cette sueur, disent-ils, ne viendra pas seulement de ce grand concours de toutes les créatures, qui se presseront et se marcheront sur les pieds ; mais elle sera produite par le voisinage du soleil, qui ne sera alors éloigné que de la distance d'un mille, ou, comme quelques uns traduisent, de la longueur d'un poinçon : de sorte que leur tête bouillira comme un pot. Et ils seront tous baignés de sueur. Les bons seront garantis de ce malheur, étant à couvert à l'ombre du trône de Dieu ; mais les méchants en souffriront si cruellement, aussi bien que de la faim, de la soif et d'un air suffoquant, qu'ils s'écrieront : « Seigneur, » délivre-nous de cette angoisse, quand ce » serait pour nous envoyer dans le feu de » l'enfer. »

Les Mahométans ont certainement pris des Juifs ce qu'ils racontent de la chaleur extraordinaire du soleil dans ce jour ; car les Juifs disent que, pour punir les pécheurs au dernier jour, le soleil sera tiré hors de l'étui dans lequel il est actuellement renfermé, de crainte qu'il ne consume toute chose par son excessive chaleur.

Quand ceux qui seront ressuscités auront attendu le temps marqué, les Mahométans croient que Dieu paraîtra à la fin pour les juger ; que Mahomet prendra l'office d'intercesseur, après qu'Adam, Noé, Abraham et Jésus se seront excusés de le prendre, se contentant de demander la délivrance de leurs ames ; que, dans ce jour solennel, Dieu viendra sur des nuées environné de ses anges, et produira les livres où les actions de chacun des hommes ont été écrites par leurs anges gardiens ; qu'il ordonnera aux prophètes de porter témoignage contre ceux à qui ils ont été envoyés ; qu'alors chacun sera examiné sur les paroles et sur les actions qu'il aura proférées ou faites durant sa vie, non que Dieu ait besoin d'aucune information à cet égard, mais pour obliger chaque homme à en faire une confession publique, et à reconnaître la justice de son jugement. Mahomet lui-même a fait le détail des particularités dont ils seront obligés de rendre compte; ce sera, 1° de leur temps, et de la manière dont ils l'auront employé; 2° de leurs richesses, et des moyens par lesquels ils les ont acquises, et comment ils les ont employées; 3° de leurs corps, et de la manière dont ils s'en sont servis; 4° de leurs connaissances et de leur savoir, et de l'usage qu'ils en auront fait.

On dit cependant que Mahomet a assuré que soixante et dix mille de ses sectateurs auraient la permission d'entrer en paradis sans subir aucun examen; ce qui paraît contraire à ce qui a été dit ci-dessus. Chaque personne répondra aux questions que nous venons d'indiquer, et se défendra du mieux qu'il lui sera possible, en tâchant, pour s'excuser, de rejeter sur les autres le blâme de ses mauvaises actions; de sorte qu'il s'élèvera une dispute entre l'ame et le corps, pour savoir auquel le crime doit être imputé.

l'ame dira : « O Seigneur, j'ai reçu mon » corps de toi ; car tu m'as créée sans mains » pour saisir quoi que ce soit, sans pieds » pour marcher, sans yeux pour voir, sans » oreilles pour ouïr, jusqu'à ce que je sois » venue et que je sois entrée dans ce corps : » c'est pourquoi punis-le éternellement, » mais délivre-moi. » Le corps, de son côté, fera son apologie : « Seigneur, dira-t-il, tu » m'as créé comme un tronc de bois, ne » pouvant faire usage de mes mains pour » saisir, ni de mes pieds pour marcher, jus- » qu'à ce que cette ame soit entrée dans moi » comme un rayon de lumière; alors ma » langue a commencé à parler; mon œil, à » voir; et mes pieds, à marcher : c'est » pourquoi punis-la éternellement, mais » délivre-moi. » Alors Dieu leur proposera la parabole de l'aveugle et du boiteux, que les Mahométans ont tirée des Juifs, de même que le récit de la dispute précédente.

Un certain roi avait un beau jardin, dans lequel il y avait des fruits mûrs; il établit deux hommes pour les garder, dont l'un était aveugle, et l'autre, estropié : le premier ne pouvait voir les fruits, et l'autre ne pouvait les cueillir ; mais l'estropié engagea l'aveugle à le prendre sur ses épaules, et par ce moyen il cueillit aisément les fruits, qu'ils se partagèrent entre eux. Le maître du jardin étant venu quelque temps après, et ayant demandé son fruit, tous les deux tâchèrent de s'excuser. L'aveugle dit qu'il n'avait point de vue pour voir où était le fruit, et l'estropié dit qu'il n'avait point de pieds pour s'approcher des arbres : mais le roi ayant fait mettre l'estropié sur les épaules de l'aveugle, les jugea, et les punit l'un et l'autre. Dieu traitera de même le corps et l'ame. Comme les apologies en ce jour-là seront inutiles, chacun nierait inutilement ses mauvaises actions, puisque les hommes, les anges, la terre, et même les différents organes du corps de celui qui voudrait nier rendraient aussitôt témoignage contre lui.

Quoique les Mahométans disent que les ressuscités attendront très longtemps avant que d'être examinés, cependant ils enseignent que cet examen en lui-même sera achevé en très peu de temps, ou, suivant une expression assez familière aux Arabes, qu'il ne durera que le temps nécessaire pour traire une brebis, ou que celui qui s'écoule entre les deux traits d'une femelle de chameau. Quelques-uns, en expliquant ces paroles si fréquemment répétées dans le *Korân*, *Dieu sera prompt en réglant les comptes*, disent que Dieu jugera toutes les créatures dans l'espace d'une demi-journée, et d'autres, en moins d'un clin d'œil. Ils croient encore que dans le temps de cet examen on remettra à chaque personne le livre où toutes les actions de sa vie sont écrites; que les gens de bien recevront ce livre de la main droite, et le liront avec beaucoup de plaisir et de satisfaction; mais que les méchants seront forcés de prendre ce livre malgré eux, avec leur main gauche, qui sera attachée derrière eux, leur droite étant attachée sur leur cou.

Pour montrer l'exacte justice qui sera observée en ce jour-là, ils décrivent, en second lieu, la balance où toutes les choses seront pesées. Ils disent que l'ange Gabriel la tiendra, et ils la représentent d'une grandeur si énorme, que ses deux bassins, dont l'un sera suspendu sur le paradis et l'autre sur l'enfer, pourraient contenir le ciel et la terre. Et bien que quelques personnes entendent dans un sens allégorique ce qui est dit de cette balance dans le *Korán*, et seulement comme une représentation figurée de l'équité de Dieu, cependant la plus ancienne opinion des orthodoxes est qu'on doit prendre cette description à la lettre; et comme les actions et les paroles sont de simples accidents, qui ne peuvent être pesés, ils disent que les livres où elles sont écrites seront mis dans les bassins, et que la sentence sera rendue suivant que le livre où sont écrites les bonnes actions, et celui où sont écrites les mauvaises l'emporteront l'un sur l'autre: que ceux dont les balances chargées du livre des bonnes actions seront les plus pesantes seront sauvés, et que les autres, dont les balances se trouveront légères, seront damnés; et que personne ne pourra se plaindre que Dieu laisse aucune bonne action sans récompense, puisque les méchants ont déjà obtenu dans cette vie la récompense de leurs bonnes actions, et ne doivent, par conséquent, en attendre aucune dans l'autre.

Les anciens écrivains juifs font aussi mention des livres qui doivent être produits au dernier jour, dans lesquels les actions des hommes sont enregistrées, de même que de la balance où elles seront pesées. L'Écriture même semble avoir donné la première idée de l'un et de l'autre : mais la créance des Mages sur la balance du jugement dernier approche encore plus de l'opinion des Mahométans. Ils disent qu'au jour du jugement deux anges nommés *Mihr* et *Sorûsh* se tiendront sur un pont, dont nous aurons occasion de parler dans la suite, pour examiner chaque personne à mesure qu'elles passeront ; que le premier, qui représente la miséricorde divine, tiendra une balance en sa main, pour peser les actions des hommes, et que la sentence sera prononcée en conséquence du rapport qu'il en fera à Dieu ; que ceux dont les bonnes actions seront trouvées les plus pesantes, fût-ce seulement du poids d'un cheveu, auront la permission de passer dans le paradis ; mais que ceux dont les bonnes actions seront trouvées légères, seront précipités de ce pont dans les enfers par l'autre ange qui représente la justice de Dieu.

Cet examen étant fait, et les œuvres de chacun ayant été pesées dans une juste balance, il se fera une espèce de talion, ou de rétribution, et toutes les créatures se vengeront les unes des autres, ou recevront satisfaction de toutes les injures qui leur auront été faites par les autres : et comme il n'y aura pas alors moyen de rendre précisément la pareille, la manière de donner cette satisfaction sera de prendre une partie proportionnelle des bonnes œuvres de l'offenseur, que l'on ajoutera à celles de l'offensé. Après quoi, si les anges, par le ministère desquels tout ceci sera exécuté, disent : « Seigneur, nous avons donné à » chacun ce qui lui était dû, et le surplus » des bonnes actions d'une telle personne » est du poids d'une fourmi, » Dieu le doublera par miséricorde, afin qu'il puisse entrer en paradis ; mais si au contraire toutes ses bonnes actions sont épuisées, qu'il ne reste que des mauvaises actions, et qu'il se trouve des personnes qui n'auront pu recevoir de lui leur satisfaction, Dieu ordonnera que l'on ajoute à ses péchés un poids de ceux à qui il doit satisfaction, proportionnel à cette satisfaction qu'il leur doit, afin qu'il soit puni à leur place, et il sera envoyé dans les enfers, chargé de leurs crimes et des siens. Telle sera la manière dont Dieu traitera les hommes. Quant aux animaux, après qu'ils auront tiré vengeance les uns des autres, comme nous l'avons dit plus haut, Dieu commandera qu'ils soient réduits en poudre; mais les hommes méchants seront réservés à de plus cruelles peines; de sorte que lorsqu'ils entendront la sentence prononcée contre les animaux, ils crieront : « Plût à Dieu que nous fussions aussi réduits » en poudre! » Pour ce qui regarde les génies, les Mahométans croient que ceux d'entre eux qui sont vrais croyants auront le même sort que les brutes, et qu'ils n'auront d'autre récompense que la faveur d'être réduits en poudre; et ils appuient cette décision de l'autorité de leur Prophète : cependant cette idée ne paraît pas fort raisonnable, puisque les génies, étant aussi capables de se mettre dans l'état des croyants que les hommes, méritent, à ce qu'il semble, tout autant qu'eux, d'être récompensés de leur foi, puisqu'ils doivent être punis de leur incrédulité; c'est pourquoi quelques personnes ont une opinion plus favorable de leur sort, et assignent aux génies croyants une demeure près des confins du paradis, où ils jouiront d'un bonheur assez grand, quoiqu'ils ne soient pas admis dans cet heureux séjour. Pour les génies infidèles, on convient généralement qu'ils seront punis éternellement et précipités dans les enfers avec les infidèles du genre humain. Il faut remarquer que sous le nom de génies, les Mahométans comprennent le diable et ses compagnons.

L'examen étant fait et l'assemblée rompue, ceux qui doivent être admis en paradis prendront, suivant les Mahométans, le chemin qui est à main droite, et les damnés, celui qui est à main gauche; mais les uns et les autres passeront auparavant ce pont appelé en Arabe *al Sirât*, qui est construit, disent-ils, sur le milieu de l'enfer; il est plus étroit qu'un cheveu, et plus aigu que le tranchant d'une épée; en sorte qu'il paraît très difficile de comprendre comment on pourra s'y tenir. C'est par cette raison que la plupart de ceux qui sont de la secte des *Motazalites* rejettent le passage par ce pont, comme une fable; mais les orthodoxes prennent pour une preuve suffisante de la vérité de cet article, l'affirmation sérieuse de celui qui n'a jamais soutenu de fausseté, désignant par là leur Prophète; et Mahomet, pour augmenter la difficulté de ce passage, a déclaré que ce pont est environné de chaque côté de ronces et d'épines crochues; ce qui cependant ne sera point un obstacle pour les bons, car ils passeront avec une vitesse et une facilité étonnante, comme un éclair, ou comme le vent, Mahomet et ses Musulmans frayant le chemin : mais la lumière qui les conduisait en paradis étant éteinte, les méchants perdront bientôt leurs traces; et de ce chemin étroit et glissant, embarrassé de ronces, ils tomberont *tête* première dans l'enfer qui est ouvert sous eux.

Il paraît que Mahomet a pris cette circonstance des Mages, qui enseignent qu'au dernier jour tout le genre humain sera obligé de passer sur un pont qu'ils nomment *Pûl-chinavad* ou *Chinavar*, c'est-à-dire, le pont étroit, qui mène droit dans l'autre monde : ils supposent que Dieu placera deux anges au milieu du pont, pour faire rendre à chacun un compte exact de ses actions, et pour les mettre dans la balance comme nous avons dit. Il est vrai que les Juifs parlent aussi du pont de l'enfer, qui, suivant eux, n'est pas plus large qu'un fil; mais ils ne nous disent pas que tous les hommes soient obligés d'y passer; ils disent seulement que les idolâtres y passeront, et qu'ils tomberont de là dans l'enfer.

Quant à la punition des méchants, il est enseigné aux Mahométans que l'enfer est divisé en sept étages ou appartements les uns sous les autres, destinés à recevoir autant de différentes classes de damnés. Le premier, qu'ils appellent *Gehennam*, sera le réceptacle de ceux qui, quoiqu'ils aient reconnu l'unité de Dieu, n'ont pas laissé que d'être méchants; c'est-à-dire, des Mahométans pécheurs qui, après y avoir été punis selon leurs mérites, seront à la fin relâchés. Ils assignent le second appartement, nommé *Ladhâ*, aux Juifs; le troisième, nommé *al Hotama*, aux Chrétiens; le quatrième, nommé *al Saïr*, aux Sabéens; le cinquième, nommé *Sakar*, aux Mages; le sixième, nommé *al Djahîm*, aux idolâtres; et le septième, qui est le plus bas et le pire de tous, et qu'ils nomment *al Hâwiyat*, aux hypocrites, c'est-à-dire, à ceux qui extérieurement ont professé quelque religion, et qui dans le fond n'en ont aucune. Ils croient qu'au-dessus de chaque appartement il y aura une garde de dix-neuf anges, et que les damnés leur avoueront que le jugement de Dieu est juste, et les prieront d'intercéder auprès de lui pour obtenir quelque soulagement dans leurs peines, ou qu'ils puissent en être délivrés par l'anéantissement.

Mahomet a décrit fort exactement, dans son *Korân* et dans ses traditions, les divers tourments de l'enfer; et, suivant lui, les méchants souffriront, tant par l'excès de la chaleur, que par celui du froid. Nous n'entrerons pas dans le détail sur cet article; nous remarquerons seulement que le degré de ces peines variera à proportion des crimes de celui qui les souffre, et suivant l'appartement où il sera confiné; et que celui dont la punition sera la plus légère portera des souliers de feu, dont la chaleur lui fera bouillir la tête comme un chaudron; et, comme dit Mahomet lui-même, on ne peut pas appeler l'état de ces malheureux ni vie ni mort; et leur malheur sera considérablement augmenté par le désespoir où les mettra la certitude de n'être jamais délivrés de ce lieu, puisque, suivant cette expression fréquente du *Korân : Ils doivent demeurer là pour toujours.* On doit cependant remarquer que les infidèles seuls seront soumis à l'éternité des peines : car les Musulmans, ou ceux qui ont embrassé la véritable religion, mais qui se sont rendus coupables de plusieurs grands péchés, seront délivrés, après avoir expié leurs crimes par leurs souffrances. L'opinion contraire à l'une ou à l'autre de ces deux décisions est regardée comme hérétique ; car c'est la doctrine constante des Mahométans orthodoxes, qu'aucun incrédule ou idolâtre ne sera jamais délivré des peines de l'enfer, et qu'aucune personne qui aura cru ou professé pendant sa vie l'unité de Dieu ne sera damnée pour toujours. Quant au temps de la délivrance de ces croyants, dont les mauvaises actions l'auront emporté sur les bonnes, et quant à la manière dont elle se fera, on trouve une tradition de Mahomet, qui porte qu'ils doivent être relâchés, lorsque la chaleur aura détaché leur peau de dessus leur corps, et que le feu aura brûlé cette peau jusqu'à la réduire en charbon, qu'alors ils seront admis en paradis ; et quand les habitants de ce lieu les appelleront par mépris les *infernaux*, ils obtiendront de Dieu, par leurs prières, qu'il leur ôte ce nom infamant. D'autres nous disent que Mahomet a enseigné que, durant leur séjour en enfer, ils seront privés de la vie ; ou, comme d'autres l'interprètent, qu'ils seront ensevelis dans un profond sommeil, afin que leurs tourments se fassent moins sentir ; et qu'ils seront ensuite admis en paradis, où, à leur réception, on les lavera avec l'*eau vive.* Quelques uns supposent cependant qu'ils reprendront la vie avant que de sortir du lieu de leur tourment, afin qu'ils sentent leurs peines, du moins au moment qu'ils en seront délivrés. Suivant une tradition qui vient du Prophète, le temps pendant lequel ces sortes de croyants seront retenus dans ce lieu, ne sera pas de moins de neuf cents ans, ni de plus de sept mille ans. Quant à la manière de leur délivrance, ils disent que le feu n'aura aucune force sur les portions de leur peau qui auront touché la terre en se prosternant dans leurs prières, ce qui formera sur leurs corps des marques qui serviront à les distinguer, et qu'ils seront relâchés par la miséricorde de Dieu, à la prière de Mahomet et des bienheureux. Que ceux qui auront été dans un état de mort, seront rappelés à la vie, comme il a été dit ;

et ceux dont les corps auront été salis et noircis par les flammes et les fumées de l'enfer, seront plongés dans une des rivières du paradis, appelée la *Rivière de vie*, qui les rendra plus blancs que les perles.

Il y a toute apprence que Mahomet doit aux Juifs, et en partie aux Mages, la plupart des circonstances qui regardent le paradis et l'enfer. Les uns et les autres s'accordent à diviser le dernier en sept appartements, quoiqu'ils diffèrent sur quelques autres particularités. Les Juifs donnent la garde de chacun de ces appartements infernaux à un ange, et ils supposent qu'il intercédera pour les misérables qui y seront prisonniers, qui reconnaîtront ouvertement la justice de Dieu dans leur condamnation. Ils enseignent de plus que les méchants souffriront une grande diversité de tourments, tant par un froid insupportable que par une chaleur excessive, et que leurs visages deviendront noirs : ils croient que ceux de leur religion seront aussi punis selon leurs crimes (car ils prétendent qu'il n'y aura presque personne qui ait été assez juste pour ne mériter aucun châtiment) : mais qu'ils seront bientôt délivrés par leur père Abraham, ou à son intercession, ou à celle de quelque autre des prophètes, dès qu'ils auront été suffisamment purifiés de leurs péchés. Les Mages n'établissent qu'un ange pour présider sur les sept appartements de l'enfer, et ils le nomment *Vanand Yezad*, et enseignent qu'il fixera les peines proportionnellement aux crimes de chacun, mettant aussi des bornes à la tyrannie et à la cruauté excessive du diable, qui, si on le laissait faire, tourmenterait les damnés au delà de ce que porte leur sentence.

Les sectateurs de cette religion décrivent aussi les diverses sortes de tourments que les damnés souffriront dans l'autre vie, entre lesquels ils mettent le froid extrême; cependant ils ne mettent pas le feu commun dans le rang des supplices de l'enfer, sans doute par respect pour cet élément, qu'ils regardent comme la représentation de la nature divine; c'est pour cela qu'ils ont soin de décrire l'état des damnés comme souffrant toute autre sorte de peines, telles, par exemple, qu'une puanteur intolérable, les piqûres et les morsures des serpents et des bêtes sauvages, le déchirement de leurs corps par les diables, une faim et une soif excessives, et autres semblables.

Avant que d'en venir à la description du paradis selon les Mahométans, nous ne devons pas oublier de dire quelque chose du mur de séparation qu'ils s'imaginent être situé entre ce lieu et l'enfer; ce qui semble être copié d'après ce grand abîme de séparation dont il est parlé dans l'Écriture. Ils appellent ce mur *al Orf*, et plus souvent au pluriel *al Arâf*, mot dérivé du verbe *Arafa*, qui signifie *distinguer entre deux choses*, ou *les diviser*, quoique quelques commentateurs donnent une autre raison de ce nom; c'est, disent-ils, parceque ceux qui se tiendront sur ce mur de séparation, connaîtront et distingueront les bienheureux d'avec les damnés par leurs marques respectives et caractéristiques. D'autres disent que ce mot signifie proprement une chose qui est *fort élevée*, comme on doit supposer que sera ce mur de séparation.

Les écrivains mahométans diffèrent beaucoup sur les personnes qui doivent se trouver sur l'*al Ardf.* Quelques uns croient que c'est une espèce de *Limbe* pour les patriarches et les prophètes, ou pour les martyrs, ou pour ceux qui ont été d'une sainteté éminente; et ils disent qu'il se trouvera aussi parmi eux des anges en forme d'homme. D'autres y placent ceux dont les bonnes œuvres et les mauvaises auront été dans un parfait équilibre, et qui ne méritent par conséquent aucune récompense ni aucun châtiment. Et ceux-ci, disent-ils, seront admis au dernier jour en paradis, après qu'ils auront fait un acte d'adoration, qui leur sera imputé comme un mérite, et qui fera pencher la balance du côté où sont leurs bonnes actions. D'autres supposent que cet espace mitoyen sera la demeure de ceux qui sont allés à la guerre sans le consentement de leurs parents, et y ont souffert le martyre, parcequ'ils sont exclus du paradis à cause de leur désobéissance, et que leur martyre les délivre de l'enfer. On ne peut pas supposer que ce mur de séparation soit bien large, puisque non-seulement ceux qui seront placés sur ce mur pourront avoir des conférences, tant avec ceux du paradis qu'avec ceux de l'enfer, mais même que les bienheureux et les damnés pourront se parler les uns aux autres.

Si Mahomet n'a pas pris de l'Écriture ses idées sur le mur de séparation que nous venons de décrire, du moins il doit les avoir tirées en seconde main des Juifs, qui parlent d'une muraille mince qui sépare le paradis de l'enfer.

On enseigne aux Mahométans qu'après que les justes auront surmonté les difficultés, et passé le pont tranchant dont on a parlé ci-dessus, ils seront rafraîchis, avant que d'entrer dans le paradis, en buvant à l'*étang* de leur Prophète. On le décrit comme un carré parfait d'un mois de tour, et l'on dit que l'eau dont il est rempli est conduite par deux canaux de l'*al Kawthar*, une des rivières du paradis; que cette eau est plus blanche que le lait ou que l'argent, plus odoriférante que le musc; que l'étang est environné d'autant de coupes qu'il y a d'étoiles au firmament, et que quiconque boit de cette eau est exempt de soif pour toujours. C'est l'avant-goût que les bienheureux auront de leur félicité future, et dont ils sont tout près de jouir.

Quoiqu'il soit souvent fait mention du paradis dans le *Korân*, c'est cependant un point de controverse entre les Mahométans, s'il est déja créé ou s'il doit l'être dans la suite. Les *Motazalites*, et quelques autres sectaires, assurent qu'il n'y a point à présent un tel lieu dans le monde, et que le paradis d'où Adam fut chassé, est bien différent de celui que doivent habiter les bienheureux dans l'autre vie; mais les orthodoxes soutiennent le contraire, et prétendent même que le paradis a été créé avant le monde, et ils en font la description, d'après la tradition de leur Prophète, de la manière suivante :

Il est situé, disent-ils, au-dessus des sept cieux (ou dans le septième ciel), et immédiatement au-dessous du trône de Dieu : et pour nous en exprimer l'aménité, ils disent que la terre en est de la plus fine farine de froment, ou du musc le plus pur, ou, selon d'autres, de safran; que ses pierres sont autant de perles et d'hyacinthes; que les murailles de ses édifices sont enrichies d'or et d'argent; que le tronc de tous les arbres est d'or, et qu'entre ces arbres le plus remarquable est l'arbre appelé *Tûba*, ou *l'arbre du bonheur*. Ils disent que cet arbre se trouve dans le palais de Mahomet, mais que dans la maison de chaque vrai croyant s'étendra une des branches de cet arbre; qu'il sera chargé de grenades, de raisins, de dattes et d'autres fruits d'une grosseur surprenante, et d'un goût inconnu aux mortels; de sorte que si quelqu'un desire manger du fruit de quelque espèce particulière, il lui sera présenté sur-le-champ; ou s'il préfère de la viande, des oiseaux tout apprêtés seront placés devant lui suivant son souhait. Ils ajoutent que les branches de cet arbre s'abaisseront d'elles-mêmes vers les mains de ceux qui voudront cueillir de ces fruits; et que non-seulement il fournira aux bienheureux leur nourriture, mais encore qu'ils y trouveront des habits de soie, des animaux sellés et bridés, couverts de riches harnois, qui sortiront d'entre ses fruits, pour leur servir de montures; et que cet arbre est si grand, que le cheval le plus léger mettrait plus de cent ans à sortir de son ombre quand il irait au galop.

Comme l'abondance des eaux est une des choses qui contribuent le plus à rendre un lieu agréable, aussi le *Korân* parle-t-il souvent des rivières du paradis, comme en faisant un des principaux ornements. Quelques unes, dit-on, sont des rivières où coule de l'eau; dans quelques autres, coule du lait; en d'autres, du vin; en d'autres, du miel. Toutes prennent leur source des racines de l'arbre *Tûba.* On a déja parlé de deux de ces rivières, de l'*al Kawthar* et de la rivière de vie; mais de crainte que ces deux rivières ne soient pas suffisantes, on dit que ce jardin est encore arrosé d'une infinité de sources et de fontaines, dont les cailloux ne sont que rubis et émeraudes, dont la terre n'est que camphre; leurs lits sont de musc; leurs bords, de safran : les plus remarquables portent le nom de *Salsabil* et de *Tasnim.*

Mais toute cette magnificence est effacée par l'éclat de ces ravissantes filles du paradis, appelées, à cause de leurs grands yeux noirs, *Hûr al oyûn*, qui feront la principale félicité des fidèles. Elles ne sont pas, disent-ils, créées d'argile comme les femmes mortelles, mais de musc pur. Elles sont exemptes, comme le Prophète l'affirme souvent dans son *Korân*, de toutes les impuretés, de tous les défauts, et de tous les accidents de leur sexe : elles sont de la modestie la plus parfaite, et elles sont cachées aux yeux du public par des pavillons faits de perles creuses, si grandes que, selon quelques traditions, une seule pourrait couvrir quatre parasanges, ou, comme d'autres disent, soixante milles, tant en longueur qu'en largeur.

Le nom que les Mahométans donnent ordinairement à cet heureux séjour, est *al Djannat*, ou le *Jardin*, quelquefois aussi *Djannat al Jerdaws*, le *Jardin du Paradis*; *Djannat'Éden*, le *Jardin d'Éden*; quoiqu'ils interprètent communément le mot d'Éden, non suivant le sens du mot hébreu, mais selon la signification qu'il a en leur propre langue, dans laquelle il signifie *une habitation fixe ou perpétuelle.* Ils le nomment encore *Djannat al Mawa*, le *Jardin de la retraite; Djannat al Naïm*, le *Jardin du plaisir :* outre plusieurs autres noms semblables.

Quelques uns entendent, par ces différents noms, autant de différents jardins, ou du moins de places où les degrés de bonheur seront différents (car ils en comptent au moins cent en tout) : et ils disent que dans le lieu où sera le plus haut degré de bonheur, on y trouvera tant de plaisirs et de voluptés, qu'on pourrait penser qu'il y aurait de quoi en être accablé, si Mahomet n'avait déclaré que Dieu donnera à chaque bienheureux la force de cent hommes, pour pouvoir pleinement en jouir.

Nous avons déja décrit l'étang de Mahomet, dans lequel les justes boiront, avant que d'être reçus dans le séjour des délices; outre cet étang, quelques auteurs parlent de deux fontaines dont la source est sous un arbre voisin de la porte du paradis;

ils disent que les bienheureux boiront de l'eau de l'une des deux, pour purifier leurs corps, et en faire sortir toute crasse impure, et qu'ils se laveront dans l'autre fontaine.

Quand ils seront arrivés à la porte même, ils y trouveront des jeunes gens d'une rare beauté, chargés de les servir et de recevoir leurs ordres; l'un d'eux courra devant eux, pour porter la nouvelle de leur arrivée aux femmes qui leur sont destinées. Ils trouveront aussi deux anges portant les présents que Dieu leur envoie; l'un les revêtira des habits du paradis, et l'autre leur mettra à chaque doigt un anneau qui portera une inscription relative au bonheur de leur état futur. Il n'est pas important d'examiner par laquelle des huit portes ils entreront (car on suppose que le paradis en a autant); mais on doit remarquer que Mahomet a déclaré que les bonnes œuvres de qui que ce soit ne pourraient pas suffire pour lui procurer l'entrée du paradis; et que lui-même serait sauvé, non par ses mérites, mais purement par la miséricorde de Dieu.

C'est cependant la doctrine constante du *Korân*, que la félicité de chaque personne sera proportionnée à ce qu'il mérite, et qu'il y aura des demeures dont les degrés de bonheur seront différents. Le degré le plus éminent est réservé aux prophètes ; le second, pour les docteurs et ceux qui enseignent le culte de Dieu ; le troisième, pour les martyrs ; et le quatrième, pour le reste des justes suivant leur sainteté. Il y aura aussi quelque distinction, par rapport au temps de leur réception. Mahomet, à qui, si on l'en croit, les portes seront premièrement ouvertes, a assuré que les pauvres entreront en paradis six cents ans avant les riches ; et ce n'est pas le seul privilége dont ils jouiront dans l'autre vie ; car le même prophète a aussi déclaré que, lorsqu'il considéra le paradis, il vit que le plus grand nombre de ses habitants étaient des pauvres ; et que quand il considéra l'enfer, il vit que les femmes faisaient le plus grand nombre de ceux qui y étaient renfermés.

Ils racontent que pour le premier repas

que les bienheureux seront après leur entrée, Dieu leur présentera toute la terre, qui sera réduite en pain, et qu'il la tiendra dans sa main comme on tient un gâteau; que pour viande ils auront le bœuf *Baldm* et le poisson *Nûn*, dont le foie seul suffirait pour nourrir soixante et dix mille hommes; ce sera la portion des principaux convives, c'est-à-dire, de ceux qui seront reçus en paradis sans subir aucun examen, et qui sont justement au nombre de soixante et dix mille; quoique d'autres supposent que ce nombre déterminé est mis ici pour un nombre indéterminé, et qu'il exprime seulement une grande multitude de gens.

Au sortir de ce festin, chacun sera conduit à la demeure qui lui est destinée, où, comme on l'a dit, il jouira d'une félicité proportionnée à ce qu'il aura mérité, mais qui passera toute attente et toute compréhension; car (suivant que l'a déclaré celui qu'on prétend qui doit le savoir mieux que personne) celui qui jouira dans le paradis du plus bas degré de bonheur, aura quatre vingt mille domestiques, soixante et douze femmes prises d'entre les filles du paradis, outre celles qu'il avait en ce monde, une fort grande tente de perles, d'hyacinthes et d'émeraudes; et, suivant une autre tradition, il sera servi à table par trois cents personnes, dans des plats d'or, dont il y en aura trois cents à chaque service, qui contiendront chacun des mets différents, et tous également bons. On lui présentera autant de sortes de liqueurs dans des vases de même métal; et pour rendre le repas complet, le vin y abondera; car quoiqu'il soit défendu d'en boire dans cette vie, on sera libre à cet égard dans la vie à venir, et on le boira sans danger, le vin du paradis n'étant pas de nature à enivrer comme le nôtre. On peut, sans une longue description, se représenter combien le fumet de ce vin sera délicieux, puisque l'eau du *Tasnim* et des autres fontaines avec laquelle les bienheureux le mêleront, doit être d'une odeur et d'une douceur admirables. Si quelqu'un objecte contre ce système de plaisir, comme un Juif impudent osa le faire autrefois à Mahomet, que tant de manger et de boire demandait nécessairement des évacuations proportionnées, nous répondrons, avec le Prophète, que les habitants du paradis n'ont besoin d'aucune évacuation, pas même de se moucher, puisque toutes les superfluités se dissipent et sont emmenées par la transpiration ou par une sueur aussi odoriférante que le musc, après laquelle l'appétit revient tout de nouveau.

La magnificence des habits que le *Korân* promet à ceux qui seront reçus dans le paradis répond à la délicatesse de leurs mets : ils seront de la soie la plus riche et de brocart, principalement de couleur verte, qui sortiront des fruits du paradis, et que les feuilles de l'arbre *Tûba* fourniront aussi. Les bienheureux seront ornés de brasselets d'or et d'argent, et couronnés de perles d'un éclat incomparable ; leurs tapis seront de soie, leurs lits, leurs coussins et leurs autres ameublements seront richement brodés d'or et de pierres précieuses.

Afin que nous puissions croire plus aisément ce qui est dit de la faculté extraordinaire qu'auront les habitants du paradis de goûter ces plaisirs dans leur plus haut degré, on assure qu'ils seront toujours dans l'état de la jeunesse ; que, quel que soit l'âge dans lequel ils soient morts, ils ressusciteront avec toute leur vigueur, et à la fleur de leur âge, c'est-à-dire, à trente ans ou environ ; que cet âge sera toujours le même (ils disent qu'il en sera de même des damnés), et que quand ils entreront en paradis leur taille sera égale à celle d'Adam, le père des humains, qui, suivant eux, n'avait pas moins de soixante coudées de haut ; et leurs enfants, s'ils en desirent (car ce ne sera qu'en ce cas que leurs femmes concevront), seront d'abord du même âge et de la même grandeur, suivant cette parole de leur Prophète : « Si quelqu'un des fidèles qui habitent le paradis desire des enfants, ils seront conçus, nés et venus à leur perfection dans l'espace d'une heure. » Et de même si quelqu'un s'occupe à l'agriculture (plaisir champêtre qui pourrait convenir au goût de quelques personnes), tout ce qu'il voudra semer lèvera et viendra à sa maturité dans un moment.

Afin que tous leurs sens soient satisfaits, et que rien ne manque aux plaisirs qui sont propres à chacun d'eux, on nous dit que l'oreille des bienheureux sera occupée, non seulement à entendre les chants ravissants de l'ange *Israfil*, qui a la voix la plus mélodieuse de toutes les créatures de Dieu, et ceux des filles du paradis; mais encore que les arbres mêmes célébreront les louanges divines avec une harmonie qui surpasse tout ce que les mortels ont jamais entendu : à tout cela sera joint le son des cloches suspendues aux arbres qui seront mises en mouvement par un vent qui procédera du trône de Dieu, et qui soufflera à chaque fois que les bienheureux voudront entendre de la musique; l'agitation même des arbres d'or, dont les fruits sont des perles et des émeraudes, formera un murmure dont l'agrément est au-dessus de tout ce que l'on peut s'imaginer : en sorte que les plaisirs de l'ouïe ne feront pas une des moins considérables parties des joies du paradis.

Les plaisirs dont nous avons parlé jusqu'ici doivent être communs à tous les habitants du paradis, même à ceux du rang le plus bas. Quelle idée donc pourrions-nous nous former du bonheur dont jouiront ceux qui auront obtenu un degré supérieur d'honneur et de félicité? Les Mahométans disent que les plaisirs qui leur sont préparés sont de ces choses que l'œil n'a point vues, que l'oreille n'a point entendues, et qui ne sont jamais montées dans le cœur de l'homme; expressions certainement tirées de l'Écriture. On dit que pour donner à connaître en quoi consistera la félicité de ceux qui seront parvenus au plus haut degré de bonheur, Mahomet s'est exprimé de la sorte: « Que le dernier des habitants du paradis » verra que ses jardins, ses femmes, ses » ameublements et ses autres possessions oc- » cuperont un espace de mille ans de che- » min » (car la vue des bienheureux dans l'autre vie s'étendra jusque-là, et même au delà): mais que le plus favorisé de Dieu sera celui qui verra sa face soir et matin; et c'est cette faveur que *al Ghazâli* regarde comme étant cette récompense additionnelle ou surabondante qui est promise dans le

Kordn, et qui donnera un plaisir si grand, qu'on oubliera pour celui-là tous les autres plaisirs du paradis, et qu'ils paraîtront très peu de chose au prix; et cela avec raison, puisque, comme dit le même auteur, tout autre plaisir peut être également goûté, même par une bête brute qu'on laisserait libre dans un pâturage abondant. Le lecteur pourra remarquer que ceci réfute pleinement l'opinion de certaines gens, qui prétendent que les Mahométans n'admettent aucun plaisir spirituel dans la vie à venir, et qu'ils ne font consister la félicité des bienheureux que dans les seuls plaisirs du corps.

Il est aisé de faire voir d'où Mahomet a pris la plus grande partie de ses idées sur le paradis. Les Juifs représentent toujours la demeure des justes comme un jardin délicieux, et ils le placent au septième ciel : ce jardin a, suivant eux, trois portes, ou, selon d'autres, deux : il a quatre rivières (circonstance qui est sûrement copiée d'après la description du jardin d'Éden). Dans ces rivières coule du lait, du vin, du baume et du miel. Le *Behemot* et le *Léviathan*, que les Juifs prétendent devoir être tués pour régaler les bienheureux, sont si manifestement le *Baldm* et le *Nûn* de Mahomet, que ses sectateurs confessent que c'est d'eux qu'il a pris l'un et l'autre. Les rabbins parlent aussi de sept différents degrés de félicité, et disent que ceux qui contemplent continuellement la face de Dieu jouissent du plus haut degré de bonheur. Les Mages de Perse se font aussi une idée du bonheur des justes dans la vie à venir, qui est peu différente de celle qu'en donne Mahomet. Ils nomment le paradis *Behisht* et *Minu*, c'est-à-dire, *cristal*, et ils croient que les gens de bien y goûteront toutes sortes de plaisirs, et en particulier qu'ils y trouveront les *Hurani Behisht* ou nymphes aux yeux noirs du paradis, qui leur seront destinées; que le soin de ces belles personnes est commis à l'ange *Zamiydd*; et l'on voit bien que c'est de là que Mahomet a pris la première idée de ces dames habitantes du paradis.

Il n'est pas improbable qu'il ait aussi emprunté quelque chose des récits des

Chrétiens sur le bonheur de la vie future. L'Écriture a été obligée de représenter les félicités célestes par des images tirées des choses corporelles, parcequ'il n'est presque pas possible de donner aux hommes une idée des plaisirs spirituels, sans introduire des objets sensibles; elle a donc décrit la demeure des bienheureux comme une ville magnifique et glorieuse dont les bâtiments seront d'or et de pierres précieuses, qui aura douze portes, et dont les rues sont traversées par une rivière dont l'eau est celle de la vie, sur les bords de laquelle sera l'arbre de vie, qui porte douze espèces de fruits, et des feuilles dont la vertu est de donner la santé. Notre Sauveur représente aussi l'état futur des bienheureux comme un royaume, où les bienheureux mangeront et boiront à sa table. Mais ces descriptions ne renferment aucune des imaginations puériles qui se trouvent dans toute la description de Mahomet, moins encore la moindre indication de ces plaisirs sensuels si chéris du Prophète; au contraire, on nous assure expressément qu'après la résurrection on ne se mariera point, et l'on ne donnera point en mariage, mais que l'on sera semblable aux anges de Dieu qui sont dans le ciel. Cependant Mahomet, voulant augmenter le prix du paradis dans l'esprit de ses Arabes, préféra l'indécence des Mages à la modestie des Chrétiens ; et de crainte que ses Musulmans n'eussent à se plaindre que quelque chose leur manquait, il leur fournit des femmes, et toutes les autres choses nécessaires à la vie : jugeant, à ce qu'il paraît, par ses propres inclinations, que, comme l'âne de Panurge, ils ne croiraient pas que les autres félicités pussent les contenter, s'ils étaient privés de celle-ci.

Si, après toutes ces descriptions, Mahomet avait fait entendre à ses sectateurs que tout ce qui leur disait du paradis ne devait pas être pris à la lettre, mais devait être entendu dans un sens métaphorique (comme l'on dit que les Mages entendent la description du paradis que Zoroastre a donnée), il pourrait être excusable ; mais le contraire est si évident, par tout ce qui est contenu dans le *Korân*, que quoique quelques Mahométans, dont le génie est trop subtil pour admettre des imaginations si grossières, regardent les descriptions de leur Prophète comme paraboliques, et veulent les prendre dans un sens allégorique et spirituel ; cependant la doctrine générale et orthodoxe est que cette description doit être prise, entendue et crue dans son sens simple et littéral. Pour le prouver, je n'ai besoin d'autre preuve que du serment qu'ils exigent des Chrétiens (à qui ils savent bien que de pareilles imaginations font horreur) lorsqu'ils veulent les obliger de la manière la plus forte et la plus solennelle ; car, dans ce cas, ils les font jurer que s'ils viennent à fausser leurs promesses, ils seront obligés d'affirmer qu'il y aura dans l'autre monde de belles filles aux yeux noirs, et que les plaisirs y seront corporels.

Avant que de quitter ce sujet, il ne sera pas hors de propos de faire remarquer que c'est à tort que plusieurs écrivains imputent aux Mahométans de croire que les femmes n'ont point d'ame, ou, si elles en ont une, que cette ame périra comme celle des bêtes brutes, et ne recevra aucune rétribution dans l'autre vie.

Mais quelle que puisse être l'opinion de certains ignorants qui se trouvent parmi les sectateurs de Mahomet, il est sûr que ce prophète respectait trop le beau sexe pour enseigner une telle doctrine. On trouve plusieurs passages dans le *Korân* qui affirment que les femmes ne seront pas seulement punies de leurs mauvaises actions dans l'autre monde, mais aussi qu'elles recevront une récompense pour leurs bonnes œuvres, aussi bien que les hommes, Dieu ne faisant sur ce point aucune distinction entre les deux sexes. A la vérité, quoique quelques uns pensent que les hommes auront, outre les houris, ou femmes du paradis, les mêmes femmes qu'ils ont eues en ce monde, ou du moins celles d'entre elles qu'ils souhaiteront d'avoir, cependant l'opinion générale est que les femmes ne seront pas admises dans la même demeure que les hommes, à cause que leur place y est occupée par les femmes du paradis ; mais cependant que celles qui auront été vertueuses, iront dans un lieu séparé pour y jouir de toutes sortes de plaisirs. Je ne trouve décidé nulle part si ces plaisirs consisteront dans la jouissance d'aimables amants créés exprès pour elles, comme il semble que cela devrait être pour compléter l'économie du système mahométan. Voici une circonstance de l'état des femmes béatifiées, dont Mahomet instruisit ses sectateurs, en leur rapportant la réponse qu'il avait faite à une vieille femme, et qui est toute semblable à ce qu'il leur avait enseigné touchant l'état des hommes bienheureux. Cette femme le priant d'intercéder auprès de Dieu, afin qu'il la reçût en paradis, il lui répondit qu'il n'entrait point de vieille femme en paradis. Sur quoi cette pauvre femme s'étant mise à pleurer, il expliqua sa pensée en lui disant que Dieu la rendrait jeune de nouveau.

VI. Le sixième article de foi dont le *Korân* exige la créance, et qui est d'une très grande importance, c'est le décret absolu de Dieu, et la prédestination, tant pour le bien que pour le mal; car la doctrine orthodoxe est que tout ce qui s'est passé dans ce monde, et qui doit s'y passer à l'avenir, soit bien, soit mal, procède entièrement de la volonté divine, et est irrévocablement fixé et enregistré de toute éternité sur la table réservée : Dieu ayant secrètement prédéterminé, non seulement le bonheur et le malheur temporel de chaque personne jusque dans le plus petit détail, mais encore sa foi ou son infidélité, son obéissance ou sa désobéissance, et par conséquent son bonheur ou son malheur éternel après la mort; et l'on ne peut éviter cette destinée ou cette prédestination par prévoyance ni par sagesse.

Mahomet se sert beaucoup de cette doctrine dans le *Korân*, pour l'avancement de son but, animant ses sectateurs à combattre sans crainte et en désespérés pour la propagation de leur foi; car il leur représente que toutes les précautions possibles ne sauraient changer leur inévitable destinée, et prolonger leur vie d'un moment. Il les empêche par là de lui désobéir ou de le rejeter comme un imposteur, en leur mettant devant les yeux le danger qu'ils courraient d'être abandonnés, par le juste jugement de Dieu, à la séduction, à l'endurcissement de leur cœur, et à un esprit de réprobation qui serait la peine de leur obstination.

Comme cette doctrine de l'élection et de la réprobation absolue a été regardée par plusieurs théologiens mahométans comme opposée à la bonté et à la justice de Dieu, et comme faisant Dieu l'auteur du mal, on a inventé plusieurs distinctions subtiles; et il s'est élevé plusieurs disputes sur la manière d'expliquer et d'adoucir ce dogme. Il s'est formé différentes sectes suivant les différentes opinions ou les différentes méthodes d'expliquer ce point; quelques unes même sont allées jusqu'à soutenir le sentiment directement contraire, et à maintenir le libre arbitre de l'homme.

I. La prière est le premier des quatre points fondamentaux de pratique en fait de religion enseignés dans le *Korân*. On y comprend les purifications et ablutions légales, qui sont des préparations nécessaires pour s'acquitter de ce devoir.

Ces purifications sont de deux sortes : l'une, appelée *Ghosl*, est une immersion totale du corps dans l'eau ; et l'autre, nommée *Wodù* (et par les Perses, *Abdest*), consiste à laver le visage, les mains et les pieds d'une certaine manière. Les Mahométans font usage de la première dans quelques cas extraordinaires seulement, comme après avoir cohabité avec une femme, ou après s'être approchés d'un corps mort. Les femmes sont aussi obligées de l'employer après leurs couches, ou après qu'elles ont eu leurs règles. La seconde est l'ablution commune dans les cas ordinaires, avant que de prier ; et chacun est obligé de se purifier de cette manière avant que de se présenter devant Dieu. Elle se fait avec certaines cérémonies, qui ont été décrites par quelques auteurs, mais que l'on comprend plus aisément en les voyant pratiquer que par aucune description.

Mahomet a peut-être pris l'idée de ses purifications des Juifs, du moins elles s'accordent, pour la plus grande partie, avec celles qui sont pratiquées par ce peuple, qui par la suite du temps aggrava les préceptes de Moïse sur cet article, par tant de cérémonies traditionnelles, qu'elles seules font la matière de quelques livres entiers. Cette nation les observait si exactement, et avec tant de superstition, dans le temps même de la venue de Notre-Seigneur, qu'il lui en fait souvent des reproches. Mais il est certain que, comme les Arabes païens se servaient de lustration de cette espèce longtemps avant Mahomet, aussi bien que plusieurs peuples de l'Orient, la chaleur du climat demandant plus de propreté que ces pays froids, il pourrait être que ce prophète ne fit que ramener ses compatriotes à l'observation plus exacte de ces rites, qui avaient été apparemment négligés parmi eux, ou qui du moins étaient pratiqués avec peu de soin. Les Mahométans nous assurent cependant que ces ablutions sont aussi anciennes qu'Abraham, à qui Dieu ordonna de les observer, et à qui l'ange Gabriel, transformé en beau jeune homme, enseigna la manière de les pratiquer. Quelques personnes même remontent encore plus haut, et s'imaginent que ces cérémonies viennent de nos premiers parents, à qui les anges les enseignèrent.

Afin que les sectateurs de Mahomet remplissent plus ponctuellement ce devoir, on dit que ce prophète leur déclara que la pratique de la religion est fondée sur la pureté, qu'elle est la moitié de la foi et la clef de la prière, laquelle, sans la pureté, n'est point entendue de Dieu. Pour faire mieux comprendre ces expressions, *al Ghazdli* compte quatre sortes de purifications : 1° celle qui consiste à nettoyer le corps de toute pollution, de toute ordure et de tout excrément; 2° celle qui consiste à purifier le corps de toute action méchante et injuste; 3° à nettoyer le cœur de toute inclination blâmable et de tout vice odieux; et 4° celle qui consiste à purger les pensées secrètes des hommes de toutes les actions qui pourraient les détourner de s'attacher à Dieu; ajoutant que le corps n'est que comme l'enveloppe extérieure du cœur, qui est la partie principale. C'est aussi pour cela qu'ils se plaignent hautement de ceux qui sont superstitieusement scrupuleux sur les purifications extérieures, qui évitent comme impurs ceux qu'ils ne croient pas aussi délicats qu'eux sur cet article, tandis que leur cœur est rempli de menterie, bouffi d'orgueil, plongé dans l'ignorance, et gâté par l'hypocrisie. On voit par là que c'est avec peu de fondement que quelques écrivains ont accusé les Mahométans d'enseigner ou de croire que ces ablutions cérémonielles suffisent pour les purifier de leurs péchés.

Afin qu'une préparation si nécessaire à leur dévotion ne soit pas négligée faute d'eau, ou au cas qu'elle pût préjudicier à la santé, il leur est permis, en de pareilles occasions, de se servir de sable fin ou de poussière en place d'eau. Les Mahométans s'acquittent alors de ce devoir en passant leurs mains ouvertes sur le sable, et ensuite sur leur corps, comme ils le feraient s'ils avaient plongé leur main dans l'eau. Cet expédient n'est pas de l'invention de Mahomet, puisque les Juifs et les Mages de

Perse, presque aussi scrupuleux qu'eux dans leurs lustrations, prescrivent la même chose en cas de nécessité; et l'on trouve dans l'*Histoire ecclésiastique* un exemple remarquable de cette pratique, où l'on voit que l'on se servit de sable au lieu d'eau en administrant le sacrement du Baptême, plusieurs années avant Mahomet.

Les Mahométans ne se contentent pas de simples ablutions, mais se croient encore obligés à plusieurs autres articles de propreté qui sont partie de ce devoir, comme de peigner leurs cheveux, de raser leur barbe, de couper leurs oncles, de s'épiler et de se faire circoncire. Je vais ajouter un mot sur ce dernier article.

Quoiqu'il ne soit point parlé du tout de la circoncision dans le *Korân*, les Mahométans la croient d'une ancienne et divine institution, confirmée par la religion d'Islam; et quoiqu'elle ne soit pas d'une nécessité si absolue que l'on ne puisse s'en dispenser en certains cas, elle est cependant, selon eux, une cérémonie très convenable et très utile. Elle était en usage chez les Arabes plusieurs siècles avant Mahomet. Ces peuples la tenaient sans doute d'Ismaël, quoique ce ne soit pas seulement ses descendants qui l'aient observée, mais les *Hamyarites* mêmes et d'autres tribus. Nous avons dit que les Ismaélites circoncisaient leurs enfants, non le huitième jour comme les Juifs, mais à leur douzième ou treizième année, qui fut l'âge où leur patriarche avait subi cette opération; et les Mahométans les imitent en ce point, et ne circoncisent point leurs enfants qu'ils ne soient au moins en état de prononcer distinctement cette profession de leur foi : *Il n'y a point d'autre Dieu que Dieu; Mahomet est l'apôtre de Dieu:* mais ils choisissent pour cela le temps qu'il leur plaît, entre six ou seize ans ou environ. Quoique les docteurs musulmans pensent généralement en cela conformément à l'Écriture, que ce précepte a été originairement donné à Abraham, cependant quelques uns prétendent que c'est à Adam qu'il fut enseigné par l'ange Gabriel, et cela pour satisfaire à un serment qu'il avait fait de couper cette chair qui, après son péché, s'était révoltée contre son esprit; d'où l'on tire un argument singulier pour prouver que tous les hommes sont obligés de subir la circoncision.

Quoique je ne puisse pas dire que ce soient les idées des Juifs qui aient dirigé les Mahométans en tout ceci, cependant il paraît que les Juifs se font une si grande peine de croire que quelques uns des principaux patriarches et des prophètes antérieurs à Abraham aient été réellement incirconcis, qu'ils prétendent que plusieurs d'entre eux, comme aussi quelques saints hommes qui ont vécu depuis, sont nés tout circoncis, c'est-à-dire, sans prépuce, et qu'Adam en particulier a été créé tel. Et il paraît que c'est de là que les Mahométans assurent la même chose de leur Prophète.

Mahomet regardait la prière comme un devoir si nécessaire, qu'il l'appelle ordinairement *le pilier de la religion, la clef du paradis :* aussi, quand les *Thakifites*, qui demeuraient à *Tâyef*, envoyèrent faire leur soumission à ce prophète, la neuvième année de l'hégire, après qu'il eut refusé de laisser subsister leur idole favorite, et qu'ils lui demandèrent d'être au moins dispensés des prières établies, il leur répondit, qu'il ne pouvait y avoir rien de bon dans une religion où il n'y aurait point de prières.

Afin qu'un devoir aussi important ne pût être négligé, Mahomet obligea ses disciples à prier cinq fois toutes les vingt-quatre heures, à certains temps marqués, savoir : 1° le matin avant le lever du soleil; 2° après midi, lorsque cet astre commence à baisser; 3° le soir avant son coucher; 4° après son coucher, mais avant qu'il soit nuit close; et 5° après qu'il est nuit close, mais avant la première veille de la nuit. Il prétendit que, dans son voyage nocturne au ciel, il avait reçu, du trône de Dieu même, l'ordre divin de faire cette institution.

Le *Korân* insiste souvent sur l'observation des temps marqués pour la prière, quoiqu'il n'entre dans aucun détail sur cet article. En conséquence, les *Muedhins*, ou crieurs, avertissent le public, en criant du haut des clochers de leurs mosquées (car ils ne se servent point de cloches), qu'il est le temps marqué pour la prière. Alors chaque Musulman dévot se prépare à la prière, qu'il fait suivant la forme prescrite dans la mosquée, ou dans tout autre endroit, pourvu qu'il soit pur, avec un certain nombre de louanges et d'éjaculations (que les plus scrupuleux comptent par les grains de leurs chapelets), adorant dans une certaine posture. Toutes ces cérémonies ont été décrites par d'autres écrivains, quoique avec quelques méprises. On ne doit point abréger ces prières, excepté dans quelques cas particuliers, comme, par exemple, dans un voyage, ou lorsqu'on se prépare au combat.

Pour s'acquitter régulièrement de ce devoir de la prière, il faut encore, outre les circonstances dont on a parlé, que les Mahométans tournent leur visage, pendant qu'ils prient, du côté de la Mecque. C'est pour cela que la position de cette ville est marquée, dans le dedans de leurs mosquées, par une niche appelée *al Mehrâb;* et dans le dehors, par la situation des portes qui mènent aux galeries des clochers. Ils ont aussi des tables calculées pour trouver aisément leur *Keblah*, c'est-à-dire, le côté vers lequel ils doivent prier dans les endroits où ils n'ont pas d'autre direction.

Mais, suivant les docteurs musulmans, ce qui doit faire surtout le sujet de leur attention lorsqu'ils s'acquittent de ce devoir, c'est la disposition intérieure du cœur, qui est la vie et l'esprit de la prière, l'observation la plus exacte des rites extérieurs et des cérémonies précédentes, servant à très peu de chose, ou même à rien, si l'on ne s'en acquitte avec l'intention, le respect, la dévotion et l'espérance qui leur sont dus. Ainsi nous ne devons pas croire que les Mahométans, ou du moins les plus considérables d'entre eux, se contentent du pur *opus operatum*, ou s'imaginent que ce n'est qu'en cela que consiste toute leur religion.

J'ai presque omis deux articles, qui, selon moi, méritent une place ici, et sur lesquels la pratique des Mahométans pourrait peut-être se justifier plus aisément que la nôtre qui lui est contraire. L'un est que les

Mahométans ne se présentent jamais devant Dieu en habits somptueux, quoiqu'ils soient obligés d'être vêtus décemment; mais ils quittent tous leurs ornements pompeux, et leurs habits magnifiques, lorsqu'ils viennent se mettre en la présence de Dieu, de crainte de paraître arrogants et superbes. L'autre, qu'ils ne permettent point à leurs femmes de prier publiquement avec eux, en sorte qu'elles sont obligées de faire leur dévotion à la maison; ou si elles veulent aller à la mosquée, il faut que ce soit quand il n'y a plus d'hommes : les Musulmans s'imaginant que la présence du sexe inspire des idées toutes différentes de celles que demande un lieu dédié au service divin.

Il paraît que Mahomet a copié d'après les autres peuples, et surtout d'après les Juifs, la plupart des détails qui entrent dans l'institution de la prière musulmane, celle-ci ne l'emportant sur celle des Juifs que par le nombre des prières journalières.

Les Juifs doivent prier trois fois par jour : le matin, le soir et dans la nuit, à l'exemple d'Abraham, d'Isaac et de Jacob; et cette pratique est pour le moins aussi ancienne que les temps de Daniel.

Les différentes postures dans lesquelles les Mahométans se mettent en faisant leurs prières, et en particulier cette manière solennelle d'adorer, en se prosternant jusqu'à toucher la terre de son front, se trouvent également prescrites par les rabbins, quoique ceux-ci prétendent que la pratique des Mahométans à ce dernier égard est un reste de l'ancienne manière dont ils rendaient leur culte à *Baal Peor*. Les Juifs prient toujours le visage tourné vers le temple de Jérusalem, qui devint leur *Kebla* depuis sa première dédicace par Salomon. C'est pour cela que Daniel priait en Chaldée, les fenêtres de sa chambre, qui étaient tournées du côté de Jérusalem, étant ouvertes. Ce même temple fut le *Kebla* de Mahomet et de ses disciples pendant six à sept mois, jusqu'à ce qu'il se vit obligé de changer d'objet, et de se tourner du côté de la *Kaaba*.

Les Juifs sont obligés, par leurs préceptes de religion, à avoir soin que le lieu où ils prient, et les habits dans lesquels ils s'acquittent de ce devoir, soient purs. Les hommes et les femmes prient aussi en des lieux séparés; en quoi les Chrétiens d'Orient les ont imités. On pourrait encore remarquer un grand nombre d'autres conformités entre le culte public des Juifs et celui des Mahométans.

II. Les aumônes sont le second article de pratique de la religion mahométane; elles sont de deux sortes, les *aumônes légales*, et les *aumônes volontaires* : les premières sont indispensables, étant ordonnées par la loi, qui dirige et détermine, tant la portion, que la nature des choses que l'on doit donner : mais les aumônes volontaires sont laissées à la liberté de chacun, qui donne plus ou moins, comme il le trouve à propos. Quelques personnes croient que le nom des aumônes légales est proprement *Zacât*, et le nom des aumônes volontaires, *Sadakat*; cependant ce nom est donné souvent aux aumônes légales. Elles sont appelées *Zacât*, soit parcequ'elles augmentent les biens des hommes en leur attirant la bénédiction du ciel, et qu'elles forment leur cœur à la libéralité, soit parcequ'elles purifient le reste de leurs biens de la pollution, et leur ame, de la souillure de l'avarice : on nomme les autres *Sadakat*, parcequ'elles sont une preuve de la sincérité du culte que l'on rend à Dieu. Quelques écrivains ont nommé les aumônes légales des *Dîmes*, mais improprement, puisque dans certains cas elles vont au delà de cette proportion, et que dans d'autres elles sont au-dessous.

Le *Korân* recommande fort souvent de faire l'aumône, mais surtout il recommande de faire l'aumône en même temps que l'on prie, parcequ'elle est de grande efficace pour faire que nos prières soient entendues de Dieu. Aussi le khalife *Omas Ebn Abd'-Alazis* disait ordinairement, *que la prière nous conduit à moitié chemin du trône de Dieu; que le jeûne nous fait arriver à la porte de son palais, et que les aumônes nous en procurent l'entrée.*

C'est pourquoi les Mahométans regardent les actes d'aumônes comme des actes extrêmement méritoires; et un grand nombre d'entre eux se sont rendus très illustres par là. On dit que *Hasan*, fils d'*Ali*, petit-fils de Mahomet, partagea trois fois son bien entre les pauvres et lui, et que deux fois il leur donna tout ce qu'il avait. Et les Mahométans en général sont si enclins à faire du bien, qu'ils étendent leur charité même jusque sur les animaux.

La loi mahométane veut que l'on fasse l'aumône de cinq sortes de choses : 1° du bétail, c'est-à-dire des chameaux, des bœufs et des brebis; 2° de l'argent; 3° du blé; 4° des fruits, savoir, des dattes et des raisins; et 5° des marchandises. De chacune de ces choses il en faut destiner une certaine portion à l'aumône; cette portion est ordinairement un quarantième, ou deux et demi pour cent. Mais si le possesseur n'a pas un certain nombre ou une certaine quantité de ces choses, il est dispensé d'en donner; ou s'il ne les a pas possédées au delà de onze mois, n'étant pas tenu de distribuer aux pauvres la portion qui leur est due avant le commencement du douzième mois, à compter depuis le moment où il est entré en possession. On ne doit pas des aumônes pour les bestiaux qui servent à labourer la terre, ou à porter des fardeaux : en certains cas aussi on doit, pour les aumônes, une plus grande portion que celle dont nous avons parlé, comme de ce qui a été gagné dans les mines, ou sur la mer, ou par quelque art ou profession, au delà de ce qui est nécessaire pour l'entretien de la famille ; l'aumône doit être d'un cinquième de ce gain, surtout s'il y a quelque mélange ou soupçon de gain injuste. De plus, à la fin du jeûne de *Ramadân*, chaque Musulman est obligé de donner, pour lui et pour chaque personne de sa famille, une mesure de froment, d'orge, de dattes, de raisins, de riz, et d'autres denrées dont on mange communément.

Mahomet lui-même recueillait au commencement les aumônes légales, qu'il employait selon qu'il le jugeait à propos pour le soulagement de ceux de ses parents et de ses sectateurs qui étaient pauvres, mais principalement pour l'entretien de ses troupes, et de ceux qui combattaient, comme il s'exprime, dans la voie de Dieu. Ses successeurs continuèrent à en user de même, jusqu'à ce que, dans la suite, ayant mis d'autres impôts et d'autres tributs, pour fournir aux dépenses du gouvernement, ils se lassèrent, à ce qu'il semble, d'être les distributeurs des aumônes de leurs sujets, et ils laissèrent à leurs consciences le soin de s'en acquitter.

Nous pouvons remarquer, dans les règles précédentes qui regardent les aumônes, les traces de ce que les Juifs ont enseigné et pratiqué sur le même sujet. Les aumônes qu'ils appellent *Sedaka*, c'est-à-dire, *justice* ou *droiture*, sont extrêmement recommandées par les rabbins, qui les préfèrent même aux sacrifices, comme étant un devoir dont la pratique fréquente peut délivrer les hommes du feu de l'enfer, et leur mériter la vie éternelle. C'est pour cela qu'outre les angles des champs, et la liberté de glaner dans les champs et dans les vignes, que la loi de Moïse veut que l'on abandonne pour les pauvres et pour les étrangers, il faut encore mettre à part une certaine portion de blé et de fruits pour leur soulagement; et cette portion était appelée la dîme des pauvres. Les Juifs étaient autrefois fameux par leur charité. Zachée avait donné la moitié de ses biens aux pauvres : et l'on nous dit que quelques uns ont donné même *tout* leur bien aux pauvres; jusque-là qu'à la fin les docteurs juifs décidèrent qu'un homme ne devait pas donner en aumônes au delà d'une cinquième partie de son bien. Il y avait aussi dans chaque synagogue des gens établis pour recueillir et distribuer les contributions du peuple.

III. Le troisième point de la pratique religieuse est le jeûne, devoir d'une si grande importance, que Mahomet disait ordinairement, que c'était la porte de la religion, et que l'odeur de la bouche de celui qui jeûnait, était plus agréable à Dieu que l'odeur du musc; et *al Ghazâli* compte le jeûne pour la quatrième partie de la foi, suivant les théologiens mahométans.

Il y a trois degrés de jeûne. Le premier consiste à empêcher son corps de satisfaire ses appétits; le second, à contenir ses yeux, ses oreilles, sa langue, ses mains, ses pieds, en sorte qu'ils ne pèchent pas; et le troisième, à priver son cœur de toutes les idées mondaines, en détournant ses pensées de tout autre objet que Dieu seul.

Les Mahométans sont obligés, par un commandement exprès du *Korân*, de jeûner pendant tout le mois de *Ramadân*, depuis le temps où la nouvelle lune commence à paraître, jusqu'à la nouvelle lune suivante; pendant cet intervalle de temps, ils doivent s'abstenir du manger, du boire et des femmes, depuis le point du jour jusqu'à la nuit ou au coucher du soleil : et ils observent cet ordre si scrupuleusement, qu'ils ne souffrent pas que quoi que ce soit entre dans leurs corps, soit par la bouche ou autrement, pendant qu'ils jeûnent, regardant le jeûne comme nul et rompu s'ils respirent quelque parfum, s'ils prennent un lavement, s'ils se baignent, ou même s'ils avalent leur salive à dessein. Il y en a qui portent l'exactitude au point de ne vouloir pas même ouvrir la bouche pour parler, dans la crainte que l'air n'y entre trop librement. Le jeûne est encore regardé comme rompu, si un homme baise ou touche une femme, ou s'il se fait vomir; mais après le coucher du soleil, il leur est permis de se rafraîchir, de boire, de manger, d'être avec leurs femmes jusqu'au point du jour, quoique les plus rigides recommencent leur jeûne à minuit. Ce jeûne devient extrêmement rigoureux et dur, lorsque le mois de *Ramadân* tombe en été (car l'année des Arabes étant lunaire, chaque mois parcourt les différentes saisons dans l'espace de trente-trois ans), la longueur et la chaleur des jours rendant cet acte religieux beaucoup plus pénible et plus difficile qu'en hiver.

La raison qui a fait choisir ce mois pour être un mois de jeûne préférablement à tout autre, est que le *Korân* descendit du ciel dans ce mois : et quelques uns prétendent qu'Abraham, Moïse et Jésus reçurent chacun leur révélation dans le même mois.

Personne ne peut se dispenser de l'observation du jeûne du *Ramadân*, à l'exception des voyageurs et des malades (les docleurs mettent au rang de ces derniers ceux dont la santé souffrirait visiblement de ce jeûne, comme les femmes en couche, ou celles qui allaitent, les vieillards et les enfants) : mais dès que la raison qui dispense du jeûne a cessé, ces mêmes personnes sont obligées de jeûner autant de jours qu'elles en ont manqué; et elles doivent expier la dispense du jeûne par leurs aumônes.

Il semble que Mahomet a suivi les Juifs dans ses ordonnances touchant le jeûne, comme dans les autres articles. Les Juifs, lorsqu'ils jeûnent, s'abstiennent non seulement de manger et de boire, mais aussi de leurs femmes : ils ne s'oignent point depuis le point du jour jusqu'au soleil couché, ou jusqu'à ce que les étoiles commencent à paraître; mais ils emploient la nuit à prendre les rafraîchissements qu'ils trouvent à propos : ils dispensent de la plupart des jeûnes publics les femmes en couche, celles qui donnent la mamelle, les vieillards et les enfants.

Quoique mon dessein ne soit que de traiter en peu de mots ces points qui sont d'une obligation indispensable pour un Musulman, et qui sont requis expressément par le *Korân*, sans entrer dans ce qui regarde les pratiques quant aux actions volontaires et surérogatoires; cependant, pour faire voir combien les institutions de Mahomet suivent de près celles des Juifs, je dirai un mot des jeûnes volontaires des Mahométans.

L'exemple ou l'approbation de Mahomet a rendu ces jeûnes recommandables, mais surtout lorsqu'on les célèbre en certains jours de ces mois qu'ils tiennent pour sacrés. Il y a une tradition qui porte que Mahomet avait coutume de dire que le jeûne d'un seul jour dans un mois sacré, valait mieux qu'un jeûne de trente jours dans un autre mois; et qu'un jour de jeûne dans le mois de *Ramadân* était plus méritoire qu'un jeûne de trente jours dans un de ces mois sacrés. Entre les jours les plus recommandables est celui d'*Ashûra*, le 10 de *Moharram*, que quelques auteurs disent avoir été observé par les Arabes, et en particulier par la tribu de *Koreish*, avant le temps de Mahomet; mais d'autres nous assurent, au contraire, que ce prophète doit aux Juifs le nom et la célébration de ce jeûne, qui se célèbre aussi chez ces peuples le 10 du septième mois, ou mois de *Tisri*, et qui est le grand jour de l'expiation, qu'ils doivent observer suivant la loi de Moïse.

Al Kazwini rapporte que Mahomet étant à Médine, et ayant vu célébrer aux Juifs le jeûne du jour d'*Ashura*, et leur en ayant demandé la raison, ils lui répondirent que c'était parceque ce fut en ce même jour que Pharaon et ses gens furent submergés, et que Moïse et ceux qui étaient avec lui furent délivrés. Sur quoi Mahomet reprit là-dessus qu'il était plus proche parent de Moïse qu'eux; et il ordonna à ses sectateurs de jeûner ce jour-là. Il parut cependant dans la suite qu'il fut fâché d'avoir imité les Juifs en ceci; et il déclara que s'il était vivant l'année suivante, il changerait de jour, et établirait le jeûne pour le neuvième jour du mois: une conformité si grande avec ce peuple n'était plus de son goût.

IV. Le pèlerinage de la Mecque fait un point si nécessaire de pratique que, suivant une tradition de Mahomet, il vaudrait autant mourir Juif ou Chrétien, que mourir Musulman sans s'être acquitté une fois en sa vie de cet acte religieux.

Le temple de la Mecque était un lieu destiné au culte public, et était en grande vénération parmi les Arabes depuis très longtemps, et plusieurs siècles avant Mahomet. Les Mahométans sont persuadés que la *Kaaba* est presque aussi ancienne que le monde, quoique sans doute elle ait été destinée dès le commencement à un culte idolâtre. Ils disent qu'Adam ayant été chassé du paradis, demanda à Dieu qu'il lui permit d'élever un bâtiment pareil à celui qu'il avait vu dans le paradis, appelé *Beit al Mamur*, ou *la maison fréquentée*, et *al Dorah*, vers lequel il pût adresser ses prières, et dont il pût faire le tour, comme les anges faisaient le tour de cet édifice céleste. Sur quoi Dieu fit descendre une représentation de cette maison sur des rideaux de lumière, et la plaça à la Mecque perpendiculairement sous son original, ordonnant à Adam de se tourner vers elle quand il prierait, et d'en faire le tour par dévotion. Après la mort d'Adam, son fils Seth bâtit une maison de la même figure, de pierre et de glaise; et cette maison ayant été détruite par le déluge, elle fut rebâtie ensuite par Abraham et par Ismaël, en suite d'un ordre de Dieu, dans le même endroit où était la première, et suivant le même modèle, étant dirigés dans cet ouvrage par révélation.

C'est à ce temple que tout Mahométan doit venir en pèlerinage au moins une fois en sa vie, si sa santé et ses facultés le lui permettent. Les femmes mêmes ne peuvent se dispenser de remplir ce devoir. Les pèlerins se rencontrent en différents endroits près de la Mecque, suivant différents lieux d'où ils viennent, pendant le mois de *Shawal* et de *Dhu'lkaada;* étant obligés de se trouver à ces rendez-vous au commencement, comme son nom même le fait connaître, à la célébration de cette solennité.

C'est dans ces endroits, dont on vient de parler, que commence la cérémonie du pèlerinage, lorsque les pèlerins se revêtent de l'*Ihram*, ou habit sacré, qui consiste en deux pièces de laine, dont l'une s'entortille autour du milieu de leur corps, et sert à cacher ce qui doit l'être : l'autre est jetée sur leurs épaules. Ils ont leur tête nue, et à leurs pieds une espèce de pantoufles qui ne couvrent ni le talon ni le cou-de-pied. Voilà l'équipage avec lequel ils entrent dans le territoire sacré, en s'avançant vers la Mecque. Tandis qu'ils sont revêtus de ces habits, il leur est défendu de chasser en aucune manière. Ils peuvent cependant pêcher, et ils observent si exactement la défense de chasser, qu'ils ne tueraient pas même une puce sur leur propre corps : on leur permet cependant de tuer quelques animaux nuisibles, comme corbeaux, cerfs-volants, souris, scorpions, et les chiens accoutumés à mordre. Pendant tout le temps du pèlerinage, on doit être attentif à ses paroles et à ses actions, éviter toute querelle, tout discours injurieux ou obscène; il ne faut avoir aucune relation avec les femmes, et s'occuper uniquement de l'œuvre excellente à laquelle on s'est engagé.

Les pèlerins étant arrivés à la Mecque,

visitent aussitôt le temple, et y entrent avec les cérémonies prescrites, qui consistent principalement à faire en procession le tour de la *Kaaba*, à courir entre les monts *Safá* et *Merwá*, à faire une station sur le mont *Arafat*, à égorger des victimes, et à se raser la tête dans la vallée de *Mina*. D'autres auteurs ayant décrit ces cérémonies dans un grand détail, on me pardonnera si je ne parle que des circonstances les plus essentielles.

Ils commencent à faire le tour de la *Kaaba*, en partant du coin où se trouve la pierre noire. Ils font sept tours; dans les trois premiers leurs pas sont petits, mais vites; dans les quatre autres, leurs pas sont graves et ordinaires. Mahomet ordonna, dit-on, cette marche, afin que ses sectateurs fissent voir leurs forces et leur activité pour anéantir l'espérance des infidèles, qui disaient que la chaleur extraordinaire de Médine les avait affaiblis : et ils ne sont pas obligés d'aller si vite toutes les fois qu'ils s'acquittent de cet exercice religieux, mais seulement dans certains temps. Chaque fois qu'ils passent près de la pierre noire, ou ils la baisent, ou ils la touchent avec les mains, qu'ils baisent ensuite.

La course entre *Safâ* et *Merwa* se réitère aussi sept fois, partie à pas lents, et partie en courant : car les pèlerins marchent gravement, jusqu'à un endroit qui est entre deux piliers; là ils se mettent à courir, et recommencent ensuite à marcher, regardant quelquefois derrière eux, et d'autres fois s'arrêtant comme s'ils avaient perdu quelque chose, voulant représenter *Hagar* cherchant de l'eau pour son fils; car on dit que cette cérémonie est aussi ancienne que le temps d'*Hagar*.

Le dixième de *Dhu'lhajja*, après la prière du matin, les pèlerins sortent de la vallée de *Mina*, où ils étaient venus le jour précédent, et s'avancent sans ordre et précipitamment vers le mont *Arafat*, où ils restent pour achever leurs dévotions jusqu'au soleil couchant; alors ils vont à *Mozdalifa*, oratoire situé entre *Arafat* et *Mina*, et ils y emploient le reste de la nuit à prier et à lire le *Korân*.

Le lendemain, au point du jour, ils visitent *al Masher al Harâm*, ou *le Monument sacré;* et partant de là avant que le soleil soit levé, ils se rendent à la hâte par *Batn Mohasser* à la vallée de *Mina*, où ils jettent sept pierres à trois marques ou piliers, à l'exemple d'Abraham, qui, ayant rencontré le diable dans ce lieu, et étant troublé par ce malin esprit dans ses dévotions, ou même étant tenté par lui de désobéir lorsqu'il allait offrir son fils en sacrifice, reçut ordre de Dieu de le chasser en lui jetant des pierres. D'autres prétendent cependant que cet usage est aussi ancien qu'Adam, qui mit en fuite le diable dans le même endroit et de la même manière.

Cette cérémonie étant finie le même jour, savoir le dixième de *Dhu'lhajja*, les pèlerins immolent leurs victimes dans cette vallée de *Mina;* eux et leurs amis en mangent une partie, et le reste est donné aux pauvres.

Ces victimes doivent être des moutons, des chèvres, des vaches ou des chameaux. Si l'on prend des victimes des deux premières espèces, il faut que ce soit des mâles; et si elles sont des deux dernières espèces, il faut que ce soit des femelles, et d'un âge fait. Les sacrifices étant achevés, ils se rasent la tête et rognent leurs ongles, qu'ils enterrent au même endroit : après quoi on regarde le pèlerinage comme complet, quoiqu'ils retournent une seconde fois à la *Kaaba*, pour prendre congé de ce bâtiment sacré.

Les Mahométans conviennent que les Arabes païens célébraient presque toutes ces cérémonies anciennement, c'est-à-dire, plusieurs siècles avant Mahomet. Ils observaient particulièrement de faire le tour de la *Kaaba*, de jeter des pierres dans la vallée de *Mina*, et de courir entre *Safâ* et *Merwâ*. Mahomet confirma ces rites en faisant quelque changement dans certains points qui lui parurent le demander; ainsi, par exemple, il ordonna qu'ils s'habilleraient pour faire le tour de la *Kaaba*, au lieu qu'auparavant ils devaient être nus, jetant leurs habits, pour faire voir qu'ils avaient abandonné leurs péchés, ou comme un mémorial de leur désobéissance aux ordres de Dieu.

On reconnait aussi que ces cérémonies n'ont pas un mérite intrinsèque, qu'elles n'ont aucune influence sur l'ame, et ne s'accordent point avec la raison naturelle, étant purement arbitraires et établies pour mettre l'obéissance des hommes à l'épreuve, sans aucun autre dessein; et qu'en conséquence on doit les observer, non qu'elles soient bonnes en elles-mêmes, mais parce-que Dieu l'a ainsi ordonné. Quelques personnes ont cependant fait leurs efforts pour trouver des raisons qui puissent justifier des ordres si arbitraires; et un auteur, supposant que les hommes doivent imiter les corps célestes, non seulement dans leur pureté, mais encore dans leurs mouvements circulaires, semble se servir de cette supposition comme d'un moyen pour prouver que la procession autour de la *Kaaba* est une pratique fondée en raison. Reland a remarqué que les Romains avaient quelque chose de pareil dans leur culte, Numa leur ayant ordonné de faire des mouvements circulaires en adorant les dieux, soit pour représenter le mouvement circulaire du monde, soit pour faire voir qu'ils adressaient leurs prières au Dieu souverain maître de l'univers, ou plutôt par allusion aux roues d'Égypte, qui étaient les hiéroglyphes de l'inconstance de la fortune.

Le pèlerinage de la Mecque, et les cérémonies prescrites à ceux qui le font, sont sans doute les moins recevables de toutes les autres institutions de Mahomet, comme étant non seulement ridicules et extravagantes en elles-mêmes, mais comme étant les restes d'une superstition idolâtre. Mais si l'on considère combien il est difficile d'abolir d'anciennes coutumes dont un peuple est entêté, quelque déraisonnables qu'elles soient, surtout lorsqu'un parti considérable s'y trouve intéressé, et qu'un homme peut, suivant cette maxime, *Tutius est multa mutare quam unum magnum*, changer avec moins de risque plusieurs choses qu'une seule considérable ; si l'on considère attentivement tout cela, on peut excuser Mahomet d'avoir autorisé quelques points de peu d'importance, pour réussir ensuite dans le point principal. Le temple de la Mecque était respecté de tous les Arabes (à l'exception seulement de ceux de la tribu de *Tay* et de *Khathdam*, et de quelques uns des descendants de *al Hareth Ebn Kaab*, qui n'avaient pas accoutumé d'y aller en pèlerinage); mais il était surtout en très grande vénération chez ceux de la Mecque qui avaient un intérêt particulier à entretenir cette dévotion; et comme les choses les plus extravagantes, et qui ne signifient rien, sont pour l'ordinaire les objets de la plus grande superstition, Mahomet trouva qu'il lui était plus facile d'abolir l'idolâtrie même, que de déraciner la bigoterie superstitieuse qu'ils avaient pour ces temples et les cérémonies qui s'y faisaient : c'est pourquoi, après avoir essayé plusieurs fois, mais toujours inutilement, de les abolir, ce prophète jugea qu'il valait mieux consentir à ces pèlerinages à la *Kaaba*, et aux cérémonies qui s'y faisaient, et à permettre même qu'on se tournât de ce côté pour faire les prières, que de faire échouer son dessein; il se contenta de les engager à rendre au vrai Dieu le culte qu'ils rendaient dans ce même lieu à leurs idoles, et de changer les circonstances de ce culte, qu'il crut pouvoir donner du scandale. En ceci Mahomet suivit l'exemple des plus fameux législateurs, qui n'établirent pas les lois qui étaient absolument les meilleures en elles-mêmes, mais celles qui étaient les meilleures que les peuples fussent capables de recevoir; et nous voyons que Dieu eut la même condescendance pour les Juifs, car il eut égard à la dureté de leur cœur en plusieurs choses, en leur donnant des *statuts qui n'étaient pas bons*, et des *jugements par lesquels ils ne vivraient point.*

SECTION DEUXIÈME.

De certains préceptes négatifs du Korân.

J'ai parlé, dans la section précédente, des points fondamentaux de la religion mahométane par rapport à la foi et à la pratique. Je traiterai avec la même brièveté, dans les deux suivantes, de quelques autres préceptes du *Korân*, qui méritent particulièrement d'être connus, et premièrement de certaines choses qui y sont défendues.

L'usage du vin, sous lequel on comprend toutes les autres liqueurs qui enivrent, est défendu dans plus d'un endroit du *Korán*. Quelques personnes, à la vérité, se sont imaginé que cette défense ne regardait que l'excès, et allèguent deux passages de ce livre pour prouver qu'il était permis d'user de ces liqueurs, pourvu que ce fût avec modération; mais l'opinion générale est qu'il est absolument contraire à la loi d'en boire en grande ou en petite quantité. Et quoique les libertins se permettent une pratique opposée, les plus consciencieux des Mahométans sont si exacts là-dessus, surtout s'ils ont fait le pèlerinage de la Mecque, qu'ils regardent comme contraire à la loi, non seulement de goûter le vin, mais de cueillir ou de presser les raisins pour en faire, d'en acheter ou d'en vendre, ou même de s'entretenir avec l'argent qu'on aurait tiré de ce commerce. Cependant les Persans, comme les Turcs, l'aiment beaucoup; et si on leur demande comment ils osent boire du vin, puisque cela est si expressément défendu par leur religion, ils répondent qu'il en est d'eux comme des Chrétiens, à qui la paillardise et l'ivrognerie sont défendues comme de grands péchés, et qui cependant font gloire de débaucher les filles et les femmes, ou de boire à l'excès.

On a mis en question si le café n'était pas compris au nombre des liqueurs défendues, puisque ses fumées produisent quelque effet sur l'imagination. Cette boisson, dont on a commencé de faire publiquement usage dès le milieu du neuvième siècle de l'hégire, à *Aden*, ville de l'Arabie heureuse, s'introduisit peu à peu à la Mecque, à *Médine*, en Égypte, en Syrie, et dans les autres parties du Levant, et donna occasion à de grandes disputes et à de grands désordres, ayant été quelquefois publiquement défendue et condamnée, et d'autres fois ayant été permise et déclarée légitime. A présent l'usage du café est généralement toléré, ainsi que celui du tabac, quoique les plus religieux se fassent un scrupule de prendre de ce dernier, non seulement parcequ'il enivre, mais encore par respect pour un discours que la tradition attribue à leur Prophète, si l'on pouvait s'assurer que ce discours est véritablement de lui. Le voici : *Dans les derniers jours, il y aura des hommes qui porteront le nom de* Musulmans, *mais qui ne seront pas réellement tels; ils fumeront une certaine herbe qui sera appelée tabac.* Cependant les Orientaux sont tellement adonnés à ces deux choses, qu'ils disent qu'une tasse de café et une pipe de tabac font un régal complet; et les Persans ont ce proverbe, que *le café sans le tabac est comme de la viande sans sel.*

L'opium et le beng (ce dernier est composé de feuilles de chanvre mises en pilules ou en conserve) sont aussi regardés, par les Mahométans rigides, comme défendus, quoique le *Korân* n'en dise rien, parce-qu'ils enivrent et troublent la raison, comme fait le vin, et même d'une manière encore plus extraordinaire : cependant ces drogues sont généralement en usage dans l'Orient; mais ceux qui en prennent sont regardés comme des débauchés.

On a débité plusieurs contes sur ce qui a donné occasion à Mahomet de défendre le vin; mais le *Korân* donne les véritables raisons de cette défense, qui sont que les mauvaises qualités de cette liqueur surpassent les bonnes, que ses effets les plus ordinaires sont les querelles et les troubles dans la société, et la négligence, ou du moins l'indécence, dans l'observation des devoirs et des cérémonies de la religion. C'est par les mêmes raisons qu'il fut défendu aux Lévites de boire du vin ou des liqueurs fortes lorsqu'ils entraient dans le tabernacle, et que les *Nazaréens* et les *Rechabites*, et plusieurs personnes pieuses d'entre les Juifs et les Chrétiens de la primitive Église, s'en abstenaient totalement; quelques uns même de ces derniers allèrent jusqu'à condamner l'usage du vin, comme étant un péché : mais on dit que Mahomet eut un exemple plus à sa portée qu'aucun de ceux-là dans les personnes les plus dévotes de sa tribu.

Le jeu est défendu dans le même endroit du *Korân* qui défend le vin, et pour les mêmes raisons. Le mot *al Meisar*, qui se trouve dans ce passage, signifie une manière particulière de tirer au sort avec des flèches, ce qui était très en usage chez les Arabes païens, et se pratiquait de cette manière. On achetait un jeune chameau, on le tuait et on le divisait en dix ou vingt-huit parties : les personnes qui devaient jeter au sort pour avoir ces lots, se rassemblaient au nombre de sept ; on prenait onze flèches sans pointe et sans plume, on en marquait sept ; on faisait une marque à la première, deux à la seconde, et ainsi de suite pour toutes les sept : les quatre autres flèches n'étaient pas marquées. On mettait ces flèches ensemble pêle-mêle dans un sac, et elles étaient tirées par une personne qui n'avait point de part au jeu ; près d'elle était une autre personne, qui devait recevoir les flèches, et prendre garde que cette première personne ne fît aucune tricherie : ceux à qui les flèches marquées échéaient, recevaient des portions du chameau proportionnées à leur lot ; les autres, auxquels le sort donnait les flèches sans marque, n'avaient aucune part à la chair du chameau, et étaient obligés de le payer en entier : cependant ceux qui gagnaient ne mangeaient pas plus de la chair du chameau que ceux qui perdaient, mais le tout était distribué aux pauvres ; et ils faisaient ces jeux par orgueil et par ostentation : on regardait comme une honte de se retirer, et de ne pas hasarder son argent dans cette occasion. Quoique cet usage fût de quelque avantage pour les pauvres, en fournissant aux riches un amusement, cependant Mahomet le défendit, comme la source de plusieurs inconvénients, parcequ'il donnait lieu à des querelles et à des picoteries, parceque ceux qui gagnaient insultaient à ceux qui perdaient.

Les commentateurs conviennent que, sous le nom de *lots* dont Mahomet se sert à cette occasion, il faut comprendre tous les autres jeux de hasard, comme les cartes, tric-trac, etc., qui par là même sont défendus; et on les regarde comme si mauvais en eux-mêmes, que les rigides Mahométans estiment que le témoignage de toute personne qui a joué ne doit avoir aucune validité dans les cours de justice. Les échecs sont le seul jeu légitime, selon les docteurs mahométans, parceque le succès en dépend entièrement de l'habileté et de l'attention, et nullement du hasard; encore y a-t-il eu quelque doute sur ce jeu, qui n'est permis que sous certaines restrictions, savoir, qu'il ne soit point un obstacle à remplir les pratiques de dévotion, et qu'on ne joue ni argent ni aucune autre chose. Les Turcs et les *Sonnites* observent religieusement ce dernier article; mais les Persans et les Mogols ne se font aucun scrupule de l'enfreindre. Ce que Mahomet blâma le plus dans ce jeu, c'étaient les pièces sculptées en figures d'hommes, d'éléphants, de chevaux, de dromadaires; et ce sont, suivant quelques commentateurs, ces images qui sont défendues dans un passage du *Korân*. Que les pièces avec lesquelles les Arabes jouaient au temps de Mahomet fussent des figures d'hommes ou d'animaux, c'est ce qui paraît parce que la *Sonna* rapporte d'*Ali*, que, passant par hasard près de quelques joueurs d'échecs, il leur demanda ce que c'étaient que ces figures auxquelles ils donnaient tant d'attention, car elles étaient entièrement nouvelles pour lui, ce jeu n'ayant été introduit que fort tard dans l'Arabie, et peu de temps auparavant en Perse, où il fut apporté des Indes, sous le règne de *Khosroû Nushirwân*. Les docteurs mahométans concluent de là, que leur Prophète ne désapprouva ce jeu qu'à cause des figures : c'est pourquoi les *Sonnites* jouent avec des pièces tout unies de bois ou d'ivoire; mais les Persans et les Indiens, qui sont moins scrupuleux, continuent à se servir de pièces figurées.

Les Mahométans se soumettent plus facilement à la défense de jouer qu'à celle de boire du vin; car quoique le commun du peuple parmi les Turcs joue fréquemment, cependant les gens de considération tombent rarement dans cette faute; et le peuple persan est encore moins adonné au jeu que le peuple turc.

Le jeu poussé à l'excès a été défendu dans tous les États bien policés. Les maisons où l'on donne à jouer étaient regardées chez les Grecs comme des lieux infâmes; et Aristote dit qu'un joueur ne vaut pas mieux qu'un voleur. Le sénat romain avait fait des lois très sévères contre ceux qui jouaient aux jeux de hasard, qui n'étaient permis que pendant les Saturnales, quoique le peuple jouât souvent en d'autres temps malgré les défenses. Les lois civiles défendaient tous les jeux dangereux; et quoiqu'il fût permis aux laïques en certains cas de jouer de l'argent, pourvu qu'ils ne passassent pas certaines bornes, il était défendu aux ecclésiastiques, non seulement de jouer à toutes tables (qui est un jeu de hasard), mais même de regarder jouer les autres. Il est vrai qu'Accurse est dans l'opinion qu'ils peuvent jouer aux échecs, nonobstant cette loi, parceque ce n'est pas un jeu de hasard, et que ce jeu ayant été inventé tout nouvellement sous Justinien, il ne pouvait pas être connu des Orientaux dans le temps de l'établissement de cette loi; il fut cependant défendu aux moines de jouer aux échecs pendant un certain temps.

Quant aux Juifs, qui sont les principaux guides de Mahomet, ils désapprouvent hautement le jeu : les joueurs sont fréquemment censurés dans le *Talmud*, et ils sont déclarés incapables de rendre un témoignage valide.

Une autre coutume des Arabes idolâtres, qui est aussi défendue par les mêmes passages, c'est la divination par les flèches : celles dont ils se servaient pour cela, de même que celles avec lesquelles ils tiraient au sort, étaient sans fer et sans plumes : on les gardait dans le temple de quelque idole, en présence de laquelle on les consultait : il y en avait sept dans le temple de la Mecque; mais, dans la divination, on ne se servait que de trois, sur l'une desquelles étaient écrits ces mots : *Mon Seigneur m'a commandé;* sur l'autre : *Mon Seigneur m'a défendu;* et la troisième était sans inscription. Si l'on tirait la première, c'était une marque d'approbation pour l'entreprise qu'on allait faire; si c'était la seconde, on jugeait tout le contraire; mais si la troisième sortait, on les mêlait de nouveau, et on tirait une seconde fois, jusqu'à ce que l'une des deux précédentes eût donné une réponse décisive. On consultait ordinairement ces flèches divinatoires, avant que de rien faire d'important, comme avant que de se marier, avant que de faire un voyage, et autres choses semblables. Cette coutume superstitieuse de deviner avec des flèches était en usage chez les anciens Grecs et chez plusieurs autres nations : l'Écriture en particulier en fait mention (*Ézech.*, XXI, 21) : « Le roi de Babylone s'arrêta à la di- » vision du chemin, à la tête des deux che- » mins, pour se servir de la divination ; il » fit ses flèches brillantes » (ou suivant la version de la Vulgate, qui paraît préférable en ce texte) ; « il mêla ensemble ou » secoua ses flèches, consulta avec des ima- » ges, » etc. Le commentaire de saint Jérôme sur ce passage s'accorde fort bien avec ce que nous avons dit de cette pratique des anciens Arabes : « Il se tiendra, dit-il, » sur le grand chemin, et consultera l'ora- » cle à la manière de sa nation, afin de jeter » les flèches dans un carquois, et les mê-

» sera ensemble après y avoir écrit les noms » de chaque peuple, afin qu'il puisse voir » celui dont la flèche sortira et quelle ville » il devra attaquer. »

Les nations orientales mettent si généralement de la différence entre les viandes, qu'il ne faut pas être surpris si Mahomet a établi quelques règles là-dessus. Le *Korân* défend de manger du sang, de la chair de cochon, et de tout animal qui meurt de soi-même, ou qui est mis à mort au nom et à l'honneur d'une idole, ou qui a été étranglé, ou tué par un coup, ou par une chute, ou par un autre animal. Il paraît que ce prophète a copié les Juifs sur tous ces articles; car on sait que leur loi défendait les mêmes choses : mais il ne fut pas si exact sur d'autres articles que Moïse; par exemple, il permet la chair de chameau. Cependant la loi mahométane permet, dans le cas de nécessité où l'on serait en danger de mourir de faim, de manger de ces viandes qui sont défendues. Les docteurs juifs accordent la même permission en pareil cas. Quoique l'aversion pour le sang, et pour tout animal mort de lui-même puisse paraître naturelle, cependant quelques uns des Arabes païens mangeaient de l'un et de l'autre. On donnera ci-après quelques exemples, par lesquels il paraîtra qu'ils se nourrissaient d'animaux morts de mort naturelle; et quant au sang, on dit qu'ils versaient ordinairement le sang d'un chameau vivant dans un boyau, qu'ils le faisaient frire ou bouillir sur le feu, et le mangeaient. Ils appelaient ce mets *Moswadd*, du mot *Aswad*, qui signifie *noir;* ce qui ressemble assez, par son nom et par sa composition, à nos boudins noirs.

Je pense que tous les idolâtres en général mangeaient des viandes qui avaient été offertes aux idoles, ce qui était regardé comme une espèce de participation à leur culte; et par cette raison tous les Chrétiens envisageaient cet acte de manger de la chair des victimes offertes aux idoles comme une chose, sinon absolument illégitime, du moins très scandaleuse : mais les Arabes étaient particulièrement superstitieux sur cet article; ils tuaient les animaux dont ils mangeaient la chair, sur des pierres dressées exprès autour de la *Kaaba*, ou près de leurs propres maisons, et ils invitaient leurs idoles à ces festins, en les appelant à haute voix par leurs noms, lorsqu'ils se mettaient à manger.

Il paraît, à la vérité, que les anciens Arabes ne mangeaient pas de la chair de pourceau; et leur Prophète, par sa défense, semble n'avoir fait que suivre l'aversion commune de la nation pour cette viande. Des écrivains étrangers nous disent que les Arabes s'abstenaient entièrement de la chair de porc, regardant comme une chose illicite de s'en nourrir; que l'on ne trouve point de ces animaux dans leur pays, ou du moins bien peu, parceque l'Arabie ne produit pas une nourriture convenable à cet animal : ce qui a fait croire à un auteur que si un cochon y était transporté, il mourrait sur-le-champ.

Je crois que Mahomet a aussi suivi les Juifs dans la défense qu'il a faite de l'usure. On sait qu'il était expressément défendu à ceux de cette nation de prêter à usure entre eux (*Exode*, XXII), quoiqu'ils se rendissent coupables d'une usure infâme dans leur commerce avec ceux qui étaient d'une religion différente; mais je ne trouve pas que le Prophète des Arabes ait fait aucune distinction dans sa défense de l'usure.

La loi de Mahomet arrêta la coutume inhumaine, qui fut longtemps en usage chez les Arabes païens, d'enterrer leurs filles toutes vivantes, de crainte qu'ils ne fussent réduits à la pauvreté en pourvoyant à leur entretien, ainsi que pour éviter tous les déplaisirs et tous les désagréments qu'ils auraient à essuyer, si elles étaient menées en captivité, ou si leur conduite devenait scandaleuse. Aussi regardait-on la naissance d'une fille comme un grand malheur, et leur mort comme un grand bonheur. La manière dont ils exerçaient cette barbare coutume est rapportée différemment. Quelques uns disent que s'il naissait une fille, et que son père voulût l'élever, il l'habillait de laine ou de poil, et l'envoyait au désert garder les chameaux et les moutons; mais s'il voulait la faire mourir, il la laissait venir à l'âge de six ans, et disait alors à sa mère : « Parfume-la, pare-la, afin que je puisse la » mener à ses mères. » Cela fait, le père la conduisait à un puits ou une fosse creusée à ce dessein, et lui ayant ordonné de regarder au fond, il la jetait dedans par derrière, et comblait alors le puits ou la fosse ; en sorte qu'il n'en restait aucune trace : mais d'autres disent, qu'au moment même qu'une femme sentait les premières douleurs de l'enfantement, ils creusaient une fosse, sur le bord de laquelle elle devait se délivrer ; et que s'il se trouvait que son fruit fût une fille, ils la jetaient dans la fosse ; mais que si c'était un fils, ils lui sauvaient la vie.

Quoique cette coutume ne fût pas observée par tous les Arabes en général, elle était cependant en usage chez la plupart de leurs tribus, chez celle des *Koreish* et de *Kendah* en particulier. Les premiers enterraient ordinairement leurs filles vivantes sur le mont *Abou Daldma*, près de la Mecque.

Cette coutume de faire mourir les enfants n'était pas particulière aux Arabes ; elle était si commune chez les anciens, que l'on regardait comme une chose extraordinaire que les Égyptiens élevassent tous leurs enfants sans exception; et Lycurgue défendit par ses lois d'élever un enfant sans l'approbation des officiers du public; et l'on dit que de nos jours les plus pauvres d'entre les Chinois font mourir impunément leurs enfants, surtout les filles.

Le *Korân* condamne cette coutume dans plusieurs endroits. Certains commentateurs prétendent que, dans ces mêmes passages, Mahomet a voulu aussi condamner une ancienne pratique des Arabes, aussi horrible et aussi commune chez les anciens peuples que la précédente, je veux dire, les sacrifices qu'ils faisaient de leurs enfants aux idoles; elle avait surtout lieu pour l'accomplissement d'un vœu qu'ils avaient coutume de faire, que s'il leur naissait un certain nombre de garçons, ils en offriraient un en sacrifice.

SECTION TROISIÈME.

Des institutions du Korân *dans les affaires civiles.*

La loi civile des Mahométans est fondée sur les préceptes et les décisions du *Korân*, comme celles des Juifs l'étaient sur ceux du *Pentateuque*. Cette loi est diversement interprétée, suivant les différentes opinions des jurisconsultes, et surtout de leurs quatre grands docteurs *Abou Hanifa*, *Malek*, *al Shâfei*, et *Ebn Hanbal*. Il faudrait composer un grand volume, si l'on voulait traiter cet article aussi à fond et avec autant de clarté que la curiosité et l'utilité du sujet le demandent; ainsi, tout ce que l'on doit attendre ici, est une vue générale et une énumération des principales institutions du *Korân*, sans entrer dans le détail sur les cas particuliers. Nous commencerons par ce qui regarde le mariage et le divorce.

Chacun sait que le *Korân* permet la polygamie, et que les sectateurs mahométans avancent plusieurs arguments pour prouver qu'elle est moralement légitime : mais peu de personnes sont instruites des limites dans lesquelles elle est permise. Plusieurs savants sont tombés dans la méprise ordinaire, de croire que Mahomet a permis à ses sectateurs la pluralité des femmes sans aucune restriction. Quelques uns ont prétendu qu'il était permis à un homme d'avoir autant de femmes qu'il en pouvait entretenir, ou du moins autant de concubines qu'il en pouvait nourrir; au lieu que, suivant les paroles expresses du *Korân*, personne ne peut en avoir plus de quatre, tant femmes que concubines; et il est ajouté, comme un avis, que si un homme craint quelque inconvénient de ce nombre de femmes libres, il doit n'épouser qu'une seule femme; ou si une ne lui suffit pas, il peut prendre des esclaves, mais sans aller au delà du nombre prescrit. Le bas peuple, et ceux du moyen ordre généralement, suivent cette pratique; et c'est là assurément tout ce que Mahomet a accordé à ses sectateurs; et l'on ne peut pas alléguer comme un argument contre la réalité d'un précepte aussi clairement établi, la conduite corrompue des Mahométans, et principalement des gens riches ou de qualité, qui se permettent à cet égard des excès criminels, ni même l'exemple du Prophète, qui avait des priviléges particuliers sur cet article et sur bien d'autres, comme on le remarquera dans la suite. Mahomet, en faisant les restrictions dont on a parlé, suivit la décision des docteurs juifs, qui par voie de conseil limitaient le nombre des femmes à quatre, quoique leur loi n'en eût point déterminé le nombre.

La loi mahométane permet le divorce, aussi bien que celle de Moïse, avec cette seule différence que, suivant cette dernière, un homme ne pouvait reprendre une femme qu'il avait répudiée, et qui avait été mariée ou fiancée à un autre; au lieu que Mahomet, voulant empêcher que ses sectateurs ne répudiassent leurs femmes pour de légers sujets ou par inconstance, établit que si un homme répudiait sa femme pour la troisième fois (car il pouvait la répudier deux fois sans être obligé de la quitter, s'il se repentait de ce qu'il avait fait), il ne serait plus permis par la loi de la reprendre, à moins qu'elle n'eût épousé un second mari, et qu'elle n'eût été répudiée par ce second mari; et cette précaution a eu un si bon effet, que les Mahométans en viennent rarement au divorce, malgré la liberté qu'ils en ont; que l'on regarde comme un grand mal d'en venir là, et qu'il n'y a presque que ceux qui n'ont aucun sentiment d'honneur qui veuillent reprendre une femme aux conditions dont on a parlé.

Il faut remarquer que, quoiqu'il soit permis par la loi mahométane et par celle des Juifs de répudier sa femme, même pour le plus léger dégoût, il n'est cependant pas permis aux femmes de se séparer de leurs maris, à moins que ce ne soit pour cause de mauvais traitements, ou parcequ'elles ne sont pas entretenues, ou parceque le mari ne s'acquitte pas du devoir conjugal, ou pour cause d'impuissance, ou d'autres de pareille importance; mais alors même elles perdent leur douaire; ce qui n'a pas lieu si le mari les répudie, à moins qu'elles ne soient coupables d'adultère ou d'une désobéissance notoire.

Lorsqu'une femme est répudiée, elle est obligée par le *Korân* d'attendre qu'elle ait eu trois fois des preuves qu'elle n'est pas enceinte, avant que de se remarier ; ou si son âge peut laisser quelque équivoque là-dessus, d'attendre trois mois ; ce temps expiré, si elle n'est point enceinte, elle est pleinement libre de disposer d'elle comme elle voudra ; mais si elle se trouve enceinte, elle doit attendre jusqu'au moment de sa délivrance, et elle peut demeurer, pendant tout cet intervalle de temps, dans la maison de son mari, et doit y être entretenue à ses frais, étant défendu de mettre dehors une femme enceinte avant l'expiration de son terme, à moins qu'elle n'ait commis infidélité. Si un homme renvoie une femme avant la consommation du mariage, elle n'est point obligée d'attendre les trois mois, et lui, de son côté, n'est pas obligé de lui donner plus de la moitié de son douaire. Si la femme répudiée a un jeune enfant, elle ne peut le serrer qu'à l'âge de deux ans, et le père est obligé de l'entretenir de toutes choses pendant tout ce temps-là. Une veuve doit aussi attendre quatre mois et dix jours avant que de se remarier.

Ces lois sont aussi copiées sur celles des Juifs; car, suivant ces dernières, une femme répudiée, ou une veuve, ne pouvait se remarier qu'au bout de quatre-vingt-dix jours après le divorce ou après la mort de son mari. Une femme qui allaite doit être entretenue pendant deux ans, à compter depuis la naissance de son enfant; et pendant ce temps-là il ne lui est pas permis de se remarier, à moins que son enfant ne vienne à mourir, ou que son lait ne vienne à lui manquer.

La fornication et l'adultère étaient sévèrement punis dans les premiers temps du Mahométisme, et les personnes qui s'étaient rendues coupables de l'un ou de l'autre de ces crimes étaient renfermées dans une prison pour tout le reste de leur vie; mais dans la suite la *Sonna* ordonna qu'une femme adultère serait lapidée, et qu'une fille coupable de fornication recevrait cent coups de fouet, et serait bannie pour un an. La punition d'une esclave convaincue d'adultère ne devait être que la moitié de la peine d'une femme libre; par exemple, elle recevait cinquante coups de fouet, et était bannie pour six mois seulement; mais on ne pouvait la mettre à mort. Pour convaincre une femme d'adultère, et la punir capitalement, il fallait nécessairement quatre témoins.

Les commentateurs disent que ces quatre témoins devaient être des hommes; et si un homme accusait faussement d'impudicité, de quelque sorte que ce fût, une femme de bonne réputation, et qu'il ne fût pas en état de soutenir son accusation par le nombre de témoins requis, il recevait quatre-vingts coups de fouet, et son témoignage devenait dès lors absolument invalide pour l'avenir. Le *Korân* ordonne que la fornication soit punie de cent coups de fouet, tant sur l'un que sur l'autre sexe.

Si un homme accuse sa femme d'infidélité, sans pouvoir en donner des témoins suffisants, et qu'il confirme quatre fois de suite par serment son accusation, et que la cinquième fois il déclare vouloir que Dieu le punisse s'il ne dit pas la vérité, la femme est regardée comme convaincue, à moins qu'elle ne veuille faire les mêmes serments et la même imprécation en preuve de son innocence; en ce cas, elle ne subira aucune peine, mais le mariage sera rompu.

Les décisions du *Korân*, dans la plupart des circonstances que nous venons de rapporter, s'accordent avec celles des Juifs. Par la loi de Moïse, l'adultère commis avec une femme ou déja mariée, ou seulement fiancée, était puni de mort, et l'homme et la femme étaient soumis à la même peine. Le fouet était la punition de la simple fornication, et de toutes les fautes sur lesquelles il n'y avait point de châtiment prescrit. Une esclave fiancée et convaincue d'adultère subissait cette peine, étant exempte de la mort, parcequ'elle n'était pas libre.

Par la même loi, personne ne pouvait être mis à mort sur la déclaration par serment d'un seul témoin; et un homme qui calomniait sa femme devait aussi être châtié, c'est-à-dire, fouetté, et payer une amende de cent sicles d'argent. La manière de savoir si une femme accusée d'adultère en était effectivement coupable lorsqu'on manquait de preuves, consistait à lui faire boire l'eau amère de jalousie. Quoique cela ne fût plus d'usage longtemps avant Mahomet, cependant l'imprécation, la malédiction prononcée contre l'accusée, et à laquelle elle devait dire *amen*, ressemble beaucoup à la formule d'imprécation que le Prophète prescrit pour ce cas-là.

Les institutions de Mahomet par rapport aux pollutions des femmes durant leurs règles, à la permission de prendre des esclaves en mariage, et aux défenses de se marier en certains degrés de parenté, ont aussi un grand rapport avec celles de Moïse. On pourrait encore pousser plus loin le parallèle sur plusieurs autres particularités.

Quant au degré de parenté, on doit remarquer que les Arabes païens n'épousaient ni leurs mères, ni leurs filles, ni leurs tantes du côté du père ou de la mère, et regardaient comme une chose scandaleuse d'épouser les deux sœurs ou la femme de son père. Ce dernier cas était cependant assez fréquent; aussi le *Korân* le défend-il expressément.

Avant que de quitter l'article du mariage, il ne sera pas hors de propos de parler de quelques priviléges particuliers que Mahomet dit que Dieu lui accorda sur ce sujet, exclusivement à tous les autres Musulmans. Le premier est qu'il pourrait épouser légitimement autant de femmes, et avoir autant de concubines qu'il voudrait, sans être restreint à aucun nombre déterminé : et il prétendit que les prophètes qui l'avaient précédé avaient eu le même privilége. Un second privilége est, qu'il pourrait coucher avec celle de ses femmes qu'il lui plairait, sans être obligé d'observer la régularité et l'égalité qui est ordonnée à tous les maris. Un troisième, qu'aucune de ses femmes, soit répudiée, soit veuve, ne pourrait se remarier; ce qui s'accorde exactement avec ce que les Juifs avaient décidé sur les femmes de leurs princes; ces peuples regardant comme une chose très indécente, et par conséquent illégitime, d'épouser une personne qui aurait été femme du roi, soit qu'elle eût été répudiée, ou qu'elle fût demeurée veuve par la mort de son époux. Il semble que Mahomet, jugeant que la dignité de prophète méritait au moins autant de respect que celle de roi, ordonna, dans cette idée, que ses veuves demeureraient toute leur vie dans leur état de veuve.

Les lois du *Korân* touchant les héritages sont aussi conformes à plusieurs égards à celles des Juifs. Leur destination particulière était cependant d'abolir certaines coutumes des Arabes païens, qui traitaient ordinairement les veuves et les orphelins avec beaucoup d'injustice, refusant souvent de leur donner aucune portion dans l'héritage de leurs maris ou de leurs pères, sous prétexte que cet héritage devait être distribué entre ceux-là seulement qui étaient en état de porter les armes, et disposant des veuves comme il leur plaisait, même contre leur consentement, sous prétexte qu'elles faisaient partie du bien des maris. Pour prévenir de pareilles injustices, Mahomet ordonna qu'à l'avenir les femmes seraient respectées, qu'on ne ferait aucun tort aux orphelins, et surtout qu'on ne prendrait pas les femmes contre leur gré et comme par droit d'héritage, mais qu'elles auraient leur part, dans une certaine proportion, à l'héritage que leurs pères et mères, leurs maris ou leurs proches parents auraient laissé.

La règle générale que Mahomet veut qu'on observe dans la distribution du bien laissé par le défunt, est qu'un mâle doit avoir deux fois plus qu'une femme ou fille; mais il y a quelques exceptions. Les parents d'un homme, par exemple, et même ses frères et sœurs, lorsqu'ils doivent avoir part, non pas à tout l'héritage, mais seulement à une petite portion, partagent entre eux cette portion par égale part, sans faire aucune différence pour le sexe. Les proportions particulières, dans plusieurs cas, développent clairement et suffisamment l'intention de Mahomet, dont les décisions, contenues dans le *Korân*, paraissent assez équitables; car il met les enfants les premiers, et ensuite les plus proches parents.

Si un homme dispose de son bien par testament, il faut au moins deux témoins pour le rendre valide; ces témoins doivent être de sa tribu, et Mahométans, s'il se peut. Les docteurs musulmans regardent comme injuste qu'un homme ôte à sa famille la moindre partie de son bien, quoiqu'il n'y ait aucune loi expresse pour le lui défendre, à moins qu'il n'en fasse des legs pies; et même dans ce cas-là il ne peut pas employer tout son bien en ces sortes de legs, mais seulement une portion raisonnable et proportionnée à ses biens. D'un autre côté, quand un homme ne ferait point de testament, ou qu'il ne donnerait rien aux pauvres, cependant les héritiers seraient tenus, dans la distribution des biens délaissés, à en donner, selon leur pouvoir, quelque chose aux pauvres, et particulièrement à ceux qui sont parents du défunt et aux orphelins.

Cependant la première loi portée par Mahomet touchant les héritages n'était pas fort équitable; car il déclara que ceux qui l'avaient accompagné dans sa fuite de la

Mecque, et ceux qui l'avaient reçu et assisté à Médine, devaient se regarder entre eux comme étant parents au plus prochain degré, et hériter les uns des autres, préférablement et à l'exclusion des parents de sang; et même, quoiqu'un homme fût un vrai croyant, s'il n'avait pas abandonné sa patrie pour la cause de la religion, et pour se joindre au Prophète, il devait être regardé comme étranger : mais cette loi ne fut pas longtemps en vigueur, et fut bientôt abrogée.

Il faut remarquer que parmi les Mahométans, les enfants de leurs concubines et de leurs esclaves sont regardés comme étant aussi légitimes que ceux qu'ils ont des femmes libres qu'ils ont épousées; et ils ne mettent au rang des bâtards que ceux qui naissent des femmes publiques, dont les pères sont inconnus.

Le *Korân* recommande fréquemment que les traités d'homme à homme soient exécutés scrupuleusement, et pour cela qu'ils soient faits devant témoins; et au cas qu'ils ne puissent être exécutés sur-le-champ, ils doivent être mis ou couchés par écrit en présence de deux témoins, qui doivent être Musulmans. Mais si l'on ne peut avoir deux hommes pour témoins, un homme et deux femmes suffisent.

On doit observer la même méthode pour l'assurance des dettes, qui doivent être payées à un temps marqué; et si l'on ne trouve pas un écrivain, l'on prend des cautions : car si quelqu'un se confie à un autre, sans écrit, sans témoin et sans caution, la partie à qui l'on demande le payement sera toujours déchargée en cas qu'elle nie avec serment la dette, et qu'elle jure qu'elle ne doit rien au demandeur, à moins que le contraire ne se prouve par des circonstances bien convaincantes.

Le meurtre volontaire, suivant la doctrine du *Korân*, sera puni de la manière la plus rigoureuse dans la vie à venir. Cependant le même livre permet que l'on entre en composition pour ce crime, en payant une amende à la famille du défunt, et en délivrant de captivité un Musulman. Mais il est au choix du plus proche parent de recevoir cette satisfaction, ou de la refuser; car il peut, s'il lui plaît, insister à ce que le meurtrier soit remis entre ses mains, pour le punir du genre de mort qu'il trouvera à propos. En ceci Mahomet contrevient formellement à la loi de Moïse, qui défend de prendre aucune composition pour la vie du meurtrier : et il paraît qu'il a eu égard, dans cette occasion, à la coutume des Arabes de son temps, qu'un tempérament vindicatif portait à punir ordinairement sans miséricorde le meurtrier. Des tribus entières s'engageaient souvent, pour de pareilles raisons, dans des guerres sanglantes; ce qui était une suite naturelle de leur indépendance, et de ce qu'ils n'avaient point de juges ou de supérieurs communs.

Si les lois de Mahomet qui regardent le meurtre volontaire ne paraissent pas sévères, peut-être les trouvera-t-on trop rigoureuses lorsqu'il s'agit de punir le meurtre involontaire.

Le meurtre involontaire doit se racheter par une amende (à moins que le plus proche parent n'en dispense par un motif de charité), et par la délivrance d'un captif :

mais si le meurtrier n'est pas en état de satisfaire, il doit faire pénitence par un jeûne de deux mois. La *Sonna* fixe l'amende pour le sang à cent chameaux, qui doivent être distribués entre les parents du mort suivant les lois des héritages. Sur quoi l'on doit remarquer que si le mort est Musulman, mais d'une nation et d'un parti ennemi, ou qui ne soit pas entré en confédération avec les parents du meurtrier, ce dernier n'est tenu de payer aucune amende, le rachat d'un captif étant regardé dans ce cas-là comme une punition suffisante. Je crois que Mahomet, dans l'établissement de ces punitions contre le meurtre involontaire, a non seulement voulu rendre les gens attentifs à éviter ces accidents, mais encore qu'il a voulu accorder quelque chose au tempérament vindicatif de ses concitoyens, qui se seraient difficilement contentés d'une satisfaction plus légère.

Chez les Juifs, qui paraissent avoir autant de penchant à la vengeance que leurs voisins, le meurtrier, qui pouvait s'échapper en se retirant dans une des villes de refuge, était obligé d'y demeurer jusqu'à la mort du grand prêtre pendant la vie duquel le meurtre s'était commis, afin de donner aux parents et amis le temps de calmer leur colère et leur ressentiment; et le meurtrier ne pouvait donner aucune satisfaction pour avoir la liberté de retourner chez lui avant le temps prescrit; et s'il abandonnait son asile avant ce temps, le vengeur du sang pouvait le tuer impunément partout où il le trouvait.

Un voleur était puni par l'amputation de la main qui avait fait le vol, ce qui paraît assez juste au premier coup d'œil; mais la loi de Justinien, qui défend que le voleur soit mutilé, paraît plus raisonnable, parceque le vol étant ordinairement l'effet de la pauvreté, l'amputation de la main prive le voleur des moyens honnêtes de gagner sa vie. La *Sonna* défend aussi d'infliger cette peine, à moins que la chose volée ne soit d'un certain prix. J'ai parlé ailleurs des peines qu'on infligeait à ceux qui continuent à voler, et à ceux qui attaquent et volent sur les grands chemins.

Le *Korân* établit la loi du talion par rapport aux injures faites à un homme dans sa propre personne. Cette loi était aussi établie par la loi de Moïse. Mais cette loi, qui paraît avoir été donnée par Mahomet à ses Arabes pour prévenir la vengeance particulière, à laquelle les Arabes, aussi bien que les Juifs, avaient beaucoup de penchant, n'étant ni exactement juste, ni praticable dans plusieurs cas, était rarement mise en exécution, et la peine était changée en amende payable à la partie offensée : ou plutôt, Mahomet avait intention que les paroles du *Korân*, relatives à cet article, fussent entendues comme doivent l'être probablement celles du *Pentateuque* sur le même sujet ; c'est-à-dire, non pas d'un talion pris dans le sens littéral, mais d'une rétribution proportionnée à l'injure ; car le coupable n'était point effectivement privé d'un œil ni mutilé, suivant la loi de Moïse (qui d'ailleurs condamnait simplement à une amende ceux qui avaient blessé une personne, lorsque la mort ne s'était pas ensuivie) ; cette expression, *œil pour œil, et dent pour dent,* étant seulement une manière de parler proverbiale, dont le sens revient à ceci, que *chacun sera puni par les juges suivant l'atrocité du crime.*

Dans les causes d'injures, et les crimes de moindre conséquence, pour lesquels le *Korân* n'inflige aucune peine particulière, et pour lesquelles on ne saurait ordonner aucune compensation pécuniaire, les Mahométans, suivant la pratique des Juifs, ont recours au fouet ou à la bastonnade, qui est le châtiment le plus en usage dans l'Orient, à présent aussi bien qu'autrefois : et ils disent que le bâton, qui est l'instrument avec lequel s'exécute la sentence du juge, est un instrument venu du ciel; pour faire entendre l'efficacité qu'il a pour conserver le bon ordre et contenir le peuple dans les bornes de son devoir.

Quoique le *Korân* soit regardé par les Mahométans comme la partie fondamentale de leurs lois civiles, et que les décisions de la *Sonna* chez les Turcs, et des *Imâns* chez les sectes persanes, jointes aux explications de leurs divers docteurs, soient ordinairement suivies dans les jugements, cependant les tribunaux séculiers ne se croient pas obligés de les suivre ponctuellement dans tous les cas; et ils prononcent souvent le contraire, ses décisions n'étant pas toujours d'accord avec la raison et l'équité. C'est pourquoi l'on doit distinguer entre la loi civile écrite, telle qu'elle est expliquée dans les cours ecclésiastiques, et la loi de la nature, ou la loi commune, si l'on peut lui donner ce nom, laquelle a lieu dans les cours séculières, et qui a pour elle le pouvoir exécutif.

On peut rapporter aux lois civiles le commandement de faire la guerre aux infidèles, qui est répété dans plusieurs passages du *Korân*, qui déclare que cette guerre est très agréable aux yeux de Dieu, que ceux qui sont tués en combattant pour la défense de la foi seront mis au nombre des martyrs, et seront reçus immédiatement en paradis; ce qui fait que les théologiens mahométans relèvent extrêmement l'excellence de ce devoir. Ils appellent l'épée *la clef du ciel et de l'enfer*, et persuadent au peuple que la plus petite goutte de sang *répandue dans le chemin de Dieu*, comme ils s'expriment, et pour la défense du territoire des Musulmans, pendant une seule nuit, est plus méritoire aux yeux de Dieu qu'un jeûne de deux mois. D'un autre côté, la désertion ou le refus que l'on ferait de servir dans ces guerres saintes ou de contribuer aux frais, lorsqu'on le peut, est mis par le *Korân* au rang des crimes les plus odieux et des plus condamnés. Cette doctrine, que Mahomet ne se hasarda pas d'enseigner avant que d'être en état de la mettre en pratique, lui fut d'un grand usage, de même qu'à ses successeurs; car quels dangers n'affronterait-on pas, et quelles difficultés ne pourrait-on pas surmonter, avec le courage et la constance que ces principes inspirent nécessairement? Et quoique les Juifs et les Chrétiens détestent ces principes chez les autres, ils connaissent cependant fort bien la force de l'héroïsme enthousiaste, et ne négligent pas d'animer le courage de leurs partisans par des promesses et des motifs de cette espèce. « Que celui » qui s'est enrôlé pour la défense de la loi,

» dit Maimonides, se confie en celui qui est » l'espérance d'Israël, et qui est son Sau- » veur en temps de trouble, et qu'il sache » qu'il combat pour la profession de l'unité » d'un Dieu; c'est pourquoi, qu'il remette » son ame entre ses mains, qu'il ne pense » plus ni à sa femme ni à ses enfants, mais » qu'il en bannisse tout souvenir de son » cœur, ayant son esprit entièrement tourné » du côté de la guerre. Car si les pensées » commencent à être inconstantes, non seu- » lement il se troublera lui-même, mais » pèchera contre la loi : bien plus, le sang » de tout le peuple sera sur lui; car si le » peuple est vaincu, et qu'il n'ait pas com- » battu de toute sa force, c'est tout comme » s'il avait répandu le sang de tout ce peuple, » suivant cette parole : *Qu'il s'en retourne,* » *de peur que le cœur de ses frères ne* » *défaille comme le sien.* »

La *Kabala* accommode cet autre passage au même dessein : « Maudit soit celui qui » fait négligemment l'œuvre du Seigneur! » et maudit soit celui qui empêche son épée » de répandre le sang! Au contraire, celui

» qui a fait tous ses efforts dans le combat, » sans frayeur, avec intention de glorifier » le nom de Dieu, doit attendre la victoire » avec confiance, et ne craindre aucun mal- » heur ni aucun danger; mais peut être » assuré qu'il aura une maison bâtie en Is- » raël pour lui et ses enfants à toujours: » comme il est dit, I. SAMUEL, XXV, 28, 29. On pourrait citer plusieurs passages de cette nature tirés des auteurs juifs. Les Chrétiens mêmes ne s'écartent pas beaucoup de ces derniers: « Nous desirons de savoir, » dit un auteur en s'adressant aux Français engagés dans les guerres saintes, « quelle est » la charité de vous tous: car le royaume » des cieux ne sera refusé à aucun de ceux » qui perdront la vie dans cette guerre, en » s'y conduisant en vrais fidèles; ce que nous » ne disons pas, parceque nous le souhai- » tons. » Et un autre donne l'exhortation suivante: « Dépouillant toute crainte et toute » frayeur, faites vos efforts pour agir effi- » cacement contre les ennemis de la sainte » foi, et les adversaires de toute religion: » car le Tout-Puissant sait que si quelqu'un

» de vous meurt, il meurt pour la vérité de » la foi, pour sauver son pays, et pour la » défense des Chrétiens; c'est pourquoi il » en recevra une récompense dans le ciel. » Les Juifs avaient, à la vérité, une commission de la part de Dieu assez formelle et assez étendue, d'attaquer et de détruire les ennemis de leur religion; et Mahomet prétendit en avoir reçu une pareille en sa faveur et en celle de ses Musulmans, en termes également clairs. Aussi n'est-il pas surprenant qu'ils aient agi d'une manière conforme à leurs principes; mais ce qui paraît extraordinaire, est que les Chrétiens enseignent et pratiquent une doctrine si opposée à la teneur et à l'esprit de l'Evangile : cependant ils sont allés plus loin, et ont montré un esprit moins tolérant qu'aucun des premiers.

Les lois de la guerre, suivant les usages des Mahométans, ont déja été rédigées par écrit avec tant d'exactitude, par le savant Reland, qu'il ne me reste que peu de chose à en dire. Je remarquerai seulement quelques conformités entre leurs lois militaires et celles des Juifs.

Dans l'enfance du Mahométisme, les adversaires qui étaient pris dans une bataille étaient mis à mort sans miséricorde : mais ce traitement fut regardé comme trop sévère, lorsque cette religion étant suffisamment établie, elle ne fut plus en danger d'être renversée par ses ennemis. Chez les Juifs, la même sentence fut prononcée, non seulement contre les sept nations kananéennes, dont les États furent donnés aux Israélites, qui n'auraient pu s'en mettre en possession sans détruire ces peuples, mais encore contre les *Amalékites* et les *Madianites*, qui avaient fait leurs efforts pour détruire les Israélites lorsqu'ils passaient sur leurs terres.

Lorsque les Mahométans déclarent la guerre à une nation d'une religion différente, ils lui donnent le choix sur trois choses : 1° ou d'embrasser le Mahométisme, auquel cas non seulement leurs personnes, femmes, enfants, biens, sont en sûreté, mais ils ont encore part à tous les privilèges des autres Musulmans; 2° ou de se soumettre et de payer un tribut; et alors il leur est libre de professer leur religion, pourvu qu'elle ne consiste pas dans une grossière idolâtrie, ou qu'il n'y ait rien de contraire à la loi morale; 3° ou enfin de décider leur différend par l'épée : dans ce dernier cas, si les Mahométans remportent la victoire, les femmes et les enfants qui sont faits captifs deviennent absolument esclaves; et les hommes pris dans le combat peuvent être mis à mort, à moins qu'ils ne se convertissent au Mahométisme, ou que le prince n'en dispose autrement à son gré. Ceci s'accorde avec les lois données aux Juifs sur les guerres qui regardent les nations qui ne devaient pas être détruites à la façon de l'interdit; et l'on dit que Josué envoya trois écrits aux habitants de *Kanaan*, avant que d'entrer dans leurs terres; dans le premier, étaient contenus ces mots : *Fuie qui voudra;* dans le second : *Se rende qui voudra;* et dans le troisième : *Combatte qui voudra :* cependant aucune de ces nations ne fit la paix avec les Israélites (excepté seulement les Gabaonites, qui obtinrent des conditions de sûreté par stratagème, après avoir refusé celles que leur offrait Josué), le Seigneur ayant endurci leur cœur, afin de les détruire entièrement.

La dispute qui s'éleva entre les sectateurs de Mahomet, lors des premiers succès considérables de ce prophète, sur l'article du partage des dépouilles, l'obligea à faire quelques règlements sur cet article. Il prétendit avoir reçu une permission de Dieu de les distribuer à son gré entre ses soldats, en réservant d'abord une cinquième partie pour l'usage dont on parlera ensuite; et en conséquence, il s'autorisa à distribuer, dans les cas extraordinaires, les captures faites sur l'ennemi, comme il le jugeait à propos, sans observer l'égalité. Ainsi, par exemple, il donna le butin fait sur la tribu d'*Hawâzen*, dans la bataille d'*Honein*, aux habitants de la Mecque seuls, sans avoir égard à ceux de Médine, et distingua surtout les principaux *Korashites*, afin de gagner leurs bonnes grâces après la prise de leur ville. Dans l'expédition contre ceux d'*al Nadîr*, Mahomet se réserva toutes les dépouilles, et en disposa comme il voulut, parceque, dans cette guerre, on ne s'était servi ni de chameaux ni de chevaux, mais que toute l'armée était composée d'infanterie; et cela fut dans la suite observé comme une loi. La raison en paraît être celle-ci, que les dépouilles faites par un parti d'infanterie seulement, doivent être considérées comme un don de Dieu plus immédiat, et doivent être laissées, par conséquent, à la disposition de son apôtre. Suivant les Juifs, les dépouilles devaient être partagées en deux parties égales : l'une était pour ceux qui avaient butiné; l'autre était destinée au prince, et il devait l'employer à son usage et à celui du public. Moïse, à la vérité, partagea la moitié du butin fait sur les *Madianites*, entre les combattants, et l'autre moitié entre toute la congrégation; mais ce cas était particulier, Moïse avait agi de la sorte en conséquence d'un ordre exprès qu'il avait reçu de Dieu : ainsi, il ne doit pas être regardé comme le cas précédent. Il paraît cependant, par le discours que Josué tint aux deux tribus et demie, lorsqu'il les renvoya chez eux en *Gilead*, après la conquête et la division de la terre de *Kanaan*, qu'ils devaient partager les dépouilles de leurs ennemis avec leurs frères, après leur retour, et c'était sans doute en qualité de chef de la communauté et comme représentant tout le corps, que le roi prit dans la suite la moitié du butin. Il est remarquable que la dispute qui s'éleva parmi les troupes de Mahomet sur le partage du butin fait à la bataille de *Bedr* eut la même source que celle qui s'éleva entre les soldats de David à l'occasion du butin fait sur les *Amalékites*, ceux qui avaient combattu demandant que ceux qui étaient restés en arrière par lassitude n'eussent aucune part aux dépouilles; et dans ces deux cas la décision fut la même, et devint une loi pour l'avenir, savoir, qu'ils partageraient également.

La cinquième partie du butin, qui devait être levée sur les dépouilles, en conséquence de l'ordre contenu dans le *Korân*, avant qu'elles fussent partagées entre les vainqueurs, est déclarée appartenir à Dieu, à l'apôtre, à ses parents, aux orphelins, aux pauvres et aux voyageurs. Ces paroles sont entendues très différemment. *Al Shâfei* croit qu'on doit faire cinq parts du tout : la première, appelée la portion de Dieu, doit être mise dans le trésor, et servir à bâtir et réparer les forteresses, les ponts et autres ouvrages publics ; à payer les pensions des magistrats, des officiers civils, de ceux qui enseignent, et des ministres du culte public, etc. La seconde partie doit être distribuée entre les parents de Mahomet, c'est-à-dire, entre les descendants de son grand-père *Hâshem*, et de son grand-oncle *al Motalleb*, riches et pauvres, enfants comme adultes, femmes ou hommes, observant seulement de donner aux femmes la moitié moins qu'aux hommes. La troisième partie est pour les orphelins ; la quatrième, aux pauvres qui n'ont pas de quoi s'entretenir pendant toute l'année, et qui sont hors d'état de gagner leur vie ; la cinquième et dernière portion est pour les voyageurs qui peuvent être dans le besoin sur la route, quoiqu'ils puissent être riches chez eux.

Suivant *Malek Ebn Ans l'Imâm*, le prince peut disposer de tout, et le distribuer à sa discrétion suivant qu'il le juge nécessaire. *Abul Aliya* s'en tient aux paroles du *Korân*, et déclare que l'on doit, selon lui, diviser les dépouilles en six parties; que la portion qui appartient à Dieu doit être employée pour le service de la *Kaaba* : tandis que d'autres supposent que les portions destinées à Dieu et à l'Apôtre, n'en font qu'une seule. *Abou Hanifa* croit que la portion de Mahomet et de ses parents est perdue pour eux à la mort de ce prophète, et que le tout doit être, par conséquent, divisé entre les orphelins, les pauvres et les voyageurs. Quelques uns soutiennent que les descendants d'*Hâshem* sont les seuls d'entre les parents de Mahomet qui doivent avoir part aux dépouilles; mais ceux qui croient que la postérité de son frère *al Motalleb* a aussi droit à la distribution, rapportent une tradition en faveur de leur sentiment, portant que Mahomet lui-même divisa sa portion appartenant à ses parents entre les deux familles, et que quand *Othmân Ebn Affân* et *Jobeir Ebn Matâm* (qui descendaient d'*Abdsham* et de *Nawfal*, les autres frères d'*Hâshem*) lui dirent que, quoiqu'ils ne disputassent pas la préférence aux *Hâshémites*, ils ne pouvaient s'empêcher de trouver mauvais qu'il mît de la différence entre eux et ceux de la famille d'*al Motalleb*, étant dans le même degré de parenté que ces derniers, et n'ayant cependant aucune part dans la distribution du butin. Le Prophète répliqua que les descendants d'*al Motalleb* ne l'avaient abandonné ni dans le temps d'ignorance ni depuis la révélation d'*Islâm*; et il oignit ses doigts en signe de l'union étroite qui devait se trouver entre eux et les *Hâshémites*.

Quelques uns n'excluent aucun de ceux qui composent la tribu des *Koreish* de la distribution des dépouilles, et ne distinguent ni le pauvre ni le riche; quoique, dans l'opinion la plus raisonnable, le *Korân* n'ait en vue que ceux d'entre eux qui sont pauvres, comme aussi il faut expliquer ce qui regarde les étrangers : et d'autres sont allés jusqu'à dire que la cinquième portion leur appartenait tout entière, et que dans le nombre des *orphelins*, des *pauvres* et des *voyageurs*, on comprenait seulement ceux de cette tribu qui étaient tels. Il faut remarquer que les immeubles, comme terres, etc., pris en temps de guerre, sont sujets aux mêmes lois que les meubles, excepté seulement que la cinquième partie des immeubles n'est pas divisée actuellement, mais que les revenus et les profits qu'on en tire, ou l'argent que produirait leur vente, est employé en usage pieux, et pour le bien public, et est distribué une fois par an; et que le prince peut prendre la cinquième partie de la terre, ou de son revenu, ou du produit de sa vente à son choix.

SECTION QUATRIÈME.

Des mois que le Korân veut que l'on tienne pour sacrés, et du vendredi destiné particulièrement pour rendre à Dieu le culte qui lui est dû.

Les anciens Arabes avaient accoutumé d'observer quatre mois de l'année comme sacrés. Pendant ce temps-là, il n'était pas permis de faire la guerre; ils ôtaient les pointes de leurs lances, cessant de faire aucune incursion ni aucun acte d'hostilité. Alors toute personne qui avait un ennemi à craindre, vivait en sûreté, jusque-là que si un homme rencontrait le meurtrier de son père ou de son frère, il n'osait pas lui faire la moindre violence : « preuve évidente, dit un savant auteur, de l'humanité de cette nation, qui étant exposée à avoir de fréquentes querelles, soit à cause du gouvernement indépendant des diverses tribus qui la composaient, soit pour la

» conservation de leurs justes droits, avait
» cependant appris à calmer la vivacité de
» son naturel violent, et à réprimer son
» ardeur pour la guerre par des trêves éta-
» blies pendant des temps fixés. »

Toutes les tribus arabes observaient cette institution (excepté celles de *Tay* et de *Khaldam*, et quelques uns des descendants de *al Hareth Ebn Kaab*, qui ne distinguaient ni lieu ni temps sacré); elle était même si religieusement observée, qu'on trouve peu d'exemples qu'elle ait été transgressée. Il n'y a que quatre exemples de la violation de cette loi, selon quelques uns, ou six, selon d'autres. Les guerres que l'on fit pendant ces temps-là, sans avoir égard à la sainteté de ces mois, furent appelées impies. La guerre allumée entre les tribus de *Koreish* et de *Kaïs Ailân*, fournit un de ces exemples; et Mahomet servait lui-même dans cette guerre sous un de ses oncles, étant âgé alors de quatorze ans, et selon d'autres, de vingt.

Les mois consacrés chez les Arabes sont celui de *al Moharram*, de *Radjeb*, de

Dhûl Kaada et de *Dhûl Hajja*, qui répondent au 1er, 5e, 7e et 12e de l'année.

Dhûl Hajja étant le mois dans lequel on fait le pèlerinage de la Mecque, non seulement ce mois, mais encore le précédent et le suivant, étaient tenus pour inviolables, afin que chacun pût aller et venir en toute sûreté dans le lieu où l'on célèbre la fête. On dit que le mois de *Radjeb* a été observé plus scrupuleusement que les trois autres, probablement parceque c'était pendant ce mois que les Arabes païens avaient coutume de jeûner. Le *Ramaddn*, qui fut dans la suite destiné au jeûne par Mahomet, étant, au contraire, dans le temps d'*ignorance*, le mois destiné à boire avec excès. A cause de la profonde paix et de la tranquillité dont on jouissait pendant ce mois, une partie des provisions apportées pour fournir aux habitants de la Mecque, par les caravanes des pourvoyeurs que les *Koreish* y envoyaient annuellement, était distribuée au peuple, l'autre partie étant, par la même raison, distribuée aux pèlerins.

L'observation des mois dont on a parlé,

parut si raisonnable à Mahomet, qu'il lui donna son approbation : plusieurs passages du *Koràn* la confirment : ces mêmes passages défendent de faire la guerre durant ces mois-là à ceux qui les tiennent pour sacrés ; mais permettent en même temps d'attaquer, dans quelque mois que ce soit, ceux qui n'observent aucune distinction entre les mois sacrés et les mois profanes.

Mahomet trouva si convenable l'institution des Juifs et des Chrétiens à l'égard de la consécration d'un jour de la semaine destiné à rendre un culte plus particulier à Dieu, qu'il ne put que les imiter sur cet article, quoique, pour mettre quelque différence, il se crût obligé de choisir un jour qui ne fût pas le même que celui des Juifs ou des Chrétiens. On donne plusieurs raisons du choix qu'il fit du sixième jour de la semaine ; mais il semble que ce prophète le préféra, parceque c'était le jour auquel le peuple avait accoutumé de s'assembler longtemps avant les temps du Prophète. Cependant le sujet de ces assemblées était plutôt pour les affaires civiles que pour les actes de religion. Quoi qu'il en soit, les Mahométans donnent des titres bien extraordinaires à ce jour-là ; ils l'appellent *le prince des jours*, et *le plus excellent des jours dans lesquels le soleil se lève;* prétendant aussi que ce jour sera celui du jugement dernier : et ils regardent comme un honneur particulier à l'islamisme, que Dieu ait bien voulu que ce jour fût le jour solennel des Musulmans, et qu'il leur eût accordé l'avantage d'être les premiers qui l'observassent.

Quoique les Mahométans ne se croient pas tenus d'observer leur jour destiné au culte public aussi religieusement que les Chrétiens et les Juifs sont obligés d'observer le leur, le *Korân*, comme on le suppose généralement, permettant à ces peuples de retourner à leurs affaires ou à leurs plaisirs après le service divin, cependant les plus dévots trouvent mauvais que l'on emploie la moindre partie de ce jour-là à vaquer aux affaires de ce monde, et veulent que l'on soit entièrement occupé à celles qui ont rapport à la vie à venir.

Puisque j'ai parlé de la fête hebdomadaire des Mahométans, il me sera permis de dire quelque chose de leurs deux *Beirâms*, qui sont leurs principales fêtes annuelles. Le premier est appelé *la fête de la rupture du jeûne*, et commence le premier jour du mois de *Shawâl*, qui suit immédiatement le jeûne de *Ramadân*; et l'autre est nommé *la fête du sacrifice*, et commence le dixième de *Dhulhajja*, lorsque les pèlerins immolent les victimes dans la vallée de *Mina*. La première de ces fêtes est proprement le petit *Beirâm*, et la dernière, le grand *Beirâm*. Mais le vulgaire, aussi bien que la plupart des auteurs qui ont écrit touchant les Mahométans, changent les épithètes, et appellent le *Beirâm* qui suit le *Ramadân*, le *grand Beirâm*, parcequ'on l'observe d'une manière extraordinaire pendant trois jours à Constantinople et dans les autres parties de la Turquie, et que le peuple persan la célèbre pendant cinq ou six jours, en donnant publiquement des marques de sa joie, comme pour se dédommager des mortifications qu'il a eues le mois précédent ; au lieu que, quoique la *fête des sacrifices* soit célébrée pendant trois jours, dont le premier est le jour le plus solennel de tous ceux du pèlerinage, ce qui est le principal acte de la dévotion mahométane, le peuple en général n'y fait pas autant d'attention qu'à l'autre *Beirâm*, parcequ'il n'en est pas autant frappé, et parceque les cérémonies qu'on y célèbre se passent à la Mecque, qui est le seul lieu destiné à cette solennité.

FIN.

TABLE DES MATIÈRES.

SECTION DEUXIÈME.

TABLEAU DE LA RELIGION DE MAHOMET.

SECTION PREMIÈRE.

SECTION DEUXIÈME.

SECTION TROISIÈME.

SECTION QUATRIÈME.

FIN DE LA TABLE.

www.ingramcontent.com/pod-product-compliance
Lightning Source LLC
LaVergne TN
LVHW050510100826
845148LV00002B/295